ÉTUDES DE LITTÉRATURE DES XXe ET XXIe SIÈCLES
sous la direction de Didier Alexandre
100

Le Centre de gravité

Jean Roudaut

Le Centre de gravité

À propos des écrits de Louis-René des Forêts

PARIS
CLASSIQUES GARNIER
2021

Jean Roudaut a enseigné en Grèce, en Toscane et à Fribourg. Il a publié des essais sur les villes, les bibliothèques, la peinture, les livres, dont ceux de Stéphane Mallarmé, Michel Butor, George Perros, Robert Pinget et Louis-René des Forêts. Il est notamment l'auteur de *Louis-René des Forêts* et *Encore un peu de neige. Essai sur* La Chambre des enfants *de Louis-René des Forêts*.

ISBN 978-2-406-11569-4 (livre broché)
ISBN 978-2-406-11570-0 (livre relié)
ISSN 2100-3335

Pour ceux avec qui la conversation s'éternise.

Car rien en vérité n'avait été encore dit, rien ne le serait jamais.
Louis-René DES FORÊTS, *Ostinato*, Paris, Mercure de France, 1997, p. 109.

PROLALIE

Bien avant de rencontrer Louis-René des Forêts, j'avais publié quelques pages sur son récit *Le Bavard* dans une revue comme il faut. Contrairement à la notion alors convenue que la littérature ne traite jamais que d'elle-même, il me semblait, sans que la lecture radicale de Maurice Blanchot fût à négliger, que le bavard parlait pour dire quelque chose, tout en souhaitant qu'on ne le croie pas. Quelques mois après, Denis Roche me demanda de me charger du volume qu'il envisageait de consacrer à l'œuvre de Louis-René des Forêts dans la collection « Les Contemporains », aux Éditions du Seuil. La rédaction de l'ouvrage achevée, ce manuscrit fut adressé à L.-R. des Forêts, rue des Quatre-Vents. Il me téléphona aussitôt, le lendemain, et me convia à le rejoindre.

C'est alors que, progressivement, nous fîmes connaissance, car jusque-là nous ne nous étions que furtivement croisés, dans un couloir de chez Gallimard, où il ne s'attardait pas, ou à un vernissage des œuvres de Pierre Klossowski, où seule sa discrétion aurait pu le faire remarquer. Le livre à peine publié en 1993, je compris que, dans le souci de parcourir tout l'œuvre, je ne m'étais pas assez avancé dans le couloir qui mène à *La Chambre des enfants*. Ce fut l'occasion d'un nouvel essai, *Encore un peu de neige*, que publia Isabelle Gallimard. Il me sembla reprendre, en la forçant un peu, la pensée du narrateur songeant à son ami Corvick, « *He was awfully clever*[1] ». Je pensais que l'hypothèse qui soutenait l'écriture de mon essai était recevable, et que cependant elle ne pouvait constituer en rien le dernier mot de l'œuvre. En cela consistait l'aspect « diabolique » d'une analyse qui associait la pertinence à une fatale insuffisance. À la différence de Georges Corwick, qui voulait que le romancier Hugh Vereker confirmât sa lecture et estimât qu'elle restituait bien « l'image dans le tapis » développée par la rédaction de son œuvre, nous ne causâmes jamais, si ce n'est par des voies obliques, de ce que j'imaginais

1 Henry James, *Le Motif dans le tapis*, Paris, GF, 2004, p. 39.

avoir constitué la motivation de son écriture et causé la forme de ses récits. Chacun formulait une observation, en imaginant que l'autre la tiendrait pour négligeable.

Nous prîmes ainsi l'habitude de nous rencontrer, soit pour déjeuner ensemble, avec un goût commun pour le vin et la mousse au chocolat, soit pour partager la fin d'après-midi dans la pièce qui lui servait de bureau, et qu'il occupa de plus en plus à mesure que se rétrécissait son espace. Monter les escaliers lui devint bientôt une souffrance. Sans se plaindre, il vivait en reclus ; il aspirait seulement à revoir la campagne. Il me faisait part des marques d'attention qui lui étaient accordées ; il en était touché quand elles n'étaient pas trop angéliques. L'expression d'autres opinions l'agaçait, comme celles qui avaient trait à son « silence », à quoi on donnait une cause précise, et tragique, la mort accidentelle de sa fille en 1965. Son silence n'était pas de la nature de celui qu'on respecte à table, en réprimant des désirs d'intervention ; ni au concert, par respect de ce que l'œuvre d'art condense de vie ; ni même de celui où on se tient par déférence pour l'instant et la présence. Mais il inspirait le silence, dont il faisait une chance de recueillement, de ressourcement au socle archaïque de l'existence. Ce que Pascal Quignard, dans leurs similitudes de retenue, avait bien compris et aimé[2]. Et cependant il ne récusait pas la confidence, fût-elle de l'ordre du jugement politique ou littéraire, ou du domaine de la mémoire, touchant son expérience, la mort de Jean de Frotté, ou celle de sa fille. On aurait cru le croire bavard, tant il aimait les anecdotes, qui concernaient Fontenelle, Jean-Paul, Hofmannsthal au gré de ses lectures ; il les relatait d'une façon telle qu'elles devenaient des apologues. Il se souciait peu qu'elles fussent originales – encore qu'elles le fussent souvent pour moi –, mais qu'elles soient sans conclusion : elles étaient toujours du domaine de ce qui éclaire chacun, brusquement, en ouvrant un au-delà de la pensée, et qui rend si évident le néant de soi qu'il ne reste plus qu'à éclater de rire.

Il était entouré de tant de livres, qui avaient d'abord été rangés sur les étagères des bibliothèques, puis entassés sur une table, enfin déposés sur un siège ou au sol, qu'il lui était toujours difficile – la maladie rendant chaque mouvement douloureux –, voire impossible de retrouver quelques textes que ce fût. Et particulièrement, c'est évident, le livre dont il me parlait, et dont il aurait voulu me lire une page, craignant d'être

2 *Le Vœu de silence*, Montpellier, Fata Morgana, 1985.

entraîné par le cours de la conversation à métamorphoser le souvenir. Ce fut le cas pour le récit de Kleist consacré au « théâtre de marionnettes ». Le narrateur s'émerveille qu'un art aussi ordinaire que celui des figurines mouvantes porte à la réflexion, si ce n'est à la méditation ; en fait il ne s'agit pas de singer le mouvement en tirant sur des ficelles, mais tout au contraire de permettre aux statuettes de suivre une ligne stable, de se maintenir au centre de gravité du mouvement. Cela évite aux poupées de sembler faire des écarts pathétiques : « chaque fois que le centre de gravité se déplaçait en ligne droite, les membres décrivaient des courbes[3] ». L'image des oppositions géométriques intéressait moins Louis-René des Forêts que ce que, corrélativement, indiquait Kleist : « le Paradis est verrouillé, et le chérubin à nos trousses ; il nous faudrait donc faire le tour du monde pour voir s'il n'est peut-être pas ouvert par derrière[4] ». Cet art du détour, il en admirait l'exercice dans les nouvelles d'Henry James, et il le pratiqua dans les siennes. Il ne s'agissait pas de cacher un secret, comme une lettre volée que quiconque, sans élégance, s'estimerait autorisé à révéler, mais de pratiquer, à la façon des peintres maniéristes, des enchâssements si riches qu'ils détournent l'attention du centre de la composition sur ses bords. Ainsi le proche rendait intime le lointain ; l'agrément neutralisait la perte dans un moment de grâce ; le cœur de l'œuvre n'en était que plus noir dans sa présence active.

Je me trouvais, sans l'avoir jamais prémédité, dans la situation du narrateur de « L'image dans le tapis », à la fois habité par la vanité de comprendre l'agencement des images[5] et la crainte de me fourvoyer. « Nous avions, dirais-je en songeant à tous ceux qu'il avait lu attentivement avant moi, enfin découvert à quel point il était intelligent, et il lui avait fallu tirer parti de sa perte de mystère[6] ». Il évoquait son travail littéraire avec autant de réticences que Vereker ; mais ne négligeait pas les sous-entendus. Il aimait ensemble Bataille et Hawthorne ; le « w » qu'il avait ajouté à son nom pour qu'il ne fût plus semblable à celui de

3 « Sur le théâtre de marionnettes » (1810), traduction de Jacques Outin, Paris, Éd. Mille et une nuits, 1998, p. 10.

4 *Id.* p. 14.

5 C'est-à-dire le motif tissé dans l'œuvre : « *It's the very string, he said, that my pearls are strung on* » (« C'est le cordon même, dit-il, où sont enfilées mes perles », traduction de Jean Pavans, *op. cit.*, p. 67). Mallarmé emploie assez fréquemment l'image de la perle et du fil pour insister sur la valeur essentielle, en littérature, des rapports entre les mots.

6 *Op. cit.*, p. 40.

son ancêtre, le cruel juge de Salem, John Hathorne, loin de supprimer le mal, il en maintenait le souvenir dans son nom aussi fortement que si la lettre avait été écarlate. Selon Melville, Hawthorne « avait caché toute sa vie quelque grand secret qui, s'il était connu, expliquerait tous les mystères de sa carrière[7] ». Le livre de nouvelles d'Hawthorne fut un de ceux dont Louis-René des Forêts se soucia de savoir si je le connaissais. Quand il était ainsi question de textes discrets, il me semblait être regardé du coin de l'œil, d'une façon moins innocente mais aussi insistante que l'oncle Octave ne guette Roberte dans les romans de Pierre Klossowski. Vereker, dans le récit de James, n'intrigue pas autrement le jeune et ambitieux narrateur dans la nouvelle de James. Progressivement j'étais devenu son objet de curiosité, quand il était question de secret, et d'affection, quand il s'inquiétait de mes soucis.

Le plus souvent, il m'attendait, la porte entrebâillée, si tôt que je lui annonçais mon arrivée par l'interphone. Si j'avais gravi les étages plus rapidement qu'il le prévoyait, j'entendais du palier le glissement de ses pas, et les coups réguliers de sa canne sur le plancher. À sa suite, puis seul quand je trouvais la porte mystérieusement ouverte, j'empruntais un couloir, traversais un salon, suivais un passage et aboutissais, comme au terme d'un labyrinthe, à une pièce sombre avec des tables surchargées de livres en piles, une chaîne hi-fi indispensable, et, lui, assis derrière son bureau, dans un angle sombre. À portée de main, devant les pipes, le cendrier, les crayons et les stylos, il y avait, se chevauchant, des pages recommencées, raturées qui lui étaient autant de pierres plates pour avancer *Pas à pas jusqu'au dernier*.

Par la fenêtre, à sa gauche, il me faisait voir le mur blanc d'une cour, sur lequel se projetaient les monstres que produisaient en lui, au lieu d'apaisement à la douleur, les calmants. Ce soir effaçant les formes, l'espace n'était plus déterminé que par sa voix, brisée, reprise, brusquement rieuse. Il ne se plaignait pas, ni ne gémissait, mais s'élevait comme s'il prenait appui sur la souffrance.

Les pages où il formule sa résistance à la mort opposent aux crispations la beauté du monde, exprimée par le chant des oiseaux et des enfants. Dans une phrase particulière, qui est sans modèle car elle doit beaucoup à la musique (celle de Britten et de Stockhausen), il fait

7 *Monsieur du miroir*, traduction et avant-propos de Pierre Leyris, Paris, José Corti, 1992, p. 11.

entendre sous ce qui bruit, et sans cesse se redit les failles profondes, le silence d'une rumeur que Maurice Blanchot désigne comme étant « le chant des Sirènes ». S'entend « une voix venue d'ailleurs », un cri qu'il dit « barbare » ; ce n'est pas un cri, mais le gémissement originel qu'aurait pu pousser le Gaulois mourant, auquel il ressemblait quand le mal était tel qu'il devait s'accouder sur son divan.

« Dissonance perturbatrice, harmonie pacifiante » : l'expression juste, la parole intimement vraie, réduisent brièvement la douleur des souvenirs et des effondrements, réconcilié dans un mouvement d'acceptation générale, celui que la mer, vague après vague, évoque dans l'œuvre, lieu d'engloutissement et de beauté, de répétition sans achèvement, la sérénité et la révolte.

Après chacune de nos rencontres, déambulant dans les rues où il avait marché avec Georges Bataille et Pierre Klossowski, j'avais le sentiment de ne l'avoir pas accompagné au plus loin de la voie qu'il m'ouvrait, d'avoir été trop séduits par les figures, et pas assez attentif à l'art douloureux du montreur de marionnettes.

Il marchait dans la rue comme dans un couloir, s'arrêtant pour reprendre pied, utilisant sa canne selon le rythme du vers latin, deux brèves, une longue, un dactyle, puis un spondée, un repos, trébuchant avec la sécurité que donnent à portée de main, un mur ou un meuble. Il précédait son interlocuteur et se retournait peu. Il le menait pas à pas mesurés vers la pièce du fond, semblable à celle dont il évoque les mystères dans *La Chambre des enfants*. C'était, dans une demi-obscurité, son lieu de repos, de douleur et d'écriture. Aux murs, les dessins à l'encre de Chine évoquaient le jeu des enfants, le *ludus* cher aux alchimistes. Le départ de l'escalier faisait de l'habitant un semblant de philosophe. Son attention au rythme dans ses déplacements, au souffle pour déplacer la douleur, et à la musique pour l'alléger, donnaient l'impression qu'il vivait attentivement et symboliquement un naufrage, celui du *Deutschland* selon Hopkins, du Maître dans *Le Coup de dés*, ou celui que Jarry fait connaître au lecteur de *La Dragonne*. Les deux ouvrages de Louis-René des Forêts, *Les Mégères de la mer* et les *Poèmes de Samuel Wood* s'apparentent à ces œuvres.

Ses appels téléphoniques demeurèrent aussi réguliers ; mais bientôt, ce fut dans les hôpitaux que j'eus à lui rendre visite, à Cochin, dans une chambre où il cachait maladroitement sa pipe, puis à Bichat, où il était soumis au spectacle de la télévision par son voisin de chambre. Il ne se plaignait d'aucun de ses compagnons de misère, mais était sans indulgence pour la mise en scène de la hiérarchie médicale. Après chaque séjour à l'hôpital, il rejoignait son appartement dont il sortit rarement et de plus en plus difficilement. Sa chambre lui convenait comme un vêtement ancien. Elle avait l'aspect d'un repère, où les biens seraient moins les traces d'une histoire que des vestiges encombrés de poussière. La pièce paraissait une chambre royale, bientôt vide et vaine. Je la voyais de plus en plus comme l'élément d'une de ses nouvelles, « dans un miroir ».

En décembre 1999, je lui rendis visite pour prendre congé. Je partais en Bretagne ; j'évoquais avec lui le paysage que nous avions parcouru quand il était venu revoir la mer, et mon prochain retour à Paris. Je le trouvais abattu, alors que j'avais toujours été frappé par sa stature, émacié, malgré sa force de résistance. Je revins plutôt que je ne l'avais prévu. Pour le voir une dernière fois. Il venait de mourir. Quelques jours plus tard, je retournais en Bretagne. Un admirable arbre de Judée étalé comme un bonsaï, que j'avais photographié parce qu'ensemble nous avions admiré sa forme et ses fleurs, était desséché. Je ne rapporte rien qui soit du domaine de la fantaisie.

Je garde le souci de déceler dans le langage dont il avait usé « des propriétés sonore d'une étendue insoupçonnée » ; de préciser « ce que l'œil a cru voir » ; de retrouver trace en l'œuvre d'« un rire en vérité si fragile ». Car il est évident que « rien n'a encore été dit ». Ce sont là les titres d'essais ici rassemblés en vue d'approcher une présence mystérieuse.

Dans l'Antiquité, au terme de son périple, le pèlerin découvrait que ce qu'il cherchait était l'autre de lui-même, identique et complémentaire. Il se reconnaissait alors, ayant été conduit jusqu'au bout du couloir, devant un miroir.

Tandis qu'un acteur mimait son texte, dans le théâtre antique, un autre disait le texte. Ils étaient identiques : l'un s'identifiait en l'autre. Ils allaient à la rencontre l'un de l'autre, l'autre pour s'entendre dire ce qu'il n'était pas en puissance de dire. Et comme au terme de ses tribulations le pèlerin se voit défait de toute facticité, sans titre, sans fonction, sans avenir ; ainsi nous approchons des êtres les plus chers par le travail sonore sur nos mots, qui forment les leurs.

Dans l'imaginaire littéraire de Louis-René des Forêts, Jean de Frotté a tenu le rôle de modèle et de signe. Écrivain et résistant, il fut arrêté, disparut sans laisser de trace, sans avoir de sépulture. Ses amis, à la Libération, quêtèrent quelques nouvelles de lui auprès des survivants des camps, à l'hôtel Lutetia. Vers la fin du siècle, un de ses codétenus leur apprit qu'il était probablement mort sous la torture. Dans *Ostinato*, Louis-René des Forêts parle de lui comme de celui qui guide et s'efface, gratifiant son ami de toutes les vertus, le courage, la justice, la prudence et la fidélité. Après sa mort, le vivant est le tenant lieu du disparu, responsable d'une mission, aimer et écrire, dans une inintelligible épouvante. Celle que suscite en chacun la conscience irrémédiable de l'absence.

Mettons qu'il n'y a rien de plus à dire. « *Nobody sees anything*[8] ».

« Le langage a des propriétés sonores insoupçonnées » qui l'apparentent à la musique, toujours présente dans la mémoire scripturaire de Des Forêts ; elles demeurent insoupçonnées parce que leur usage mène aux limites du possible et de confusion de voir en sentiment écoutant, de rendre la pensée musicalement présente.

8 « Personne ne voit rien » : Henry James, *op. cit.*, p. 45.

« DES PROPRIÉTÉS SONORES D'UNE ÉTENDUE INSOUPÇONNÉE »

Est-ce que détruire l'ancien rythme ne va pas faire culbuter les étoiles ?
Alfred JARRY

Il marchait dans la rue comme dans un couloir, reprenant pied, s'arrêtant à la façon dont, dans la conversation, il laissait à la phrase le temps de se dissoudre dans l'air, de vibrer encore dans la pensée de son interlocuteur consonant avec la sienne. En poète, il scandait ses phrases. Il me menait vers la chambre du fond, celle dont il évoque le mystère dans *La Chambre des enfants*. Ce travail de pas mesuré, iambe après trochée, approchait de ce lieu néant. On se souvient de Mallarmé écrivant de Tournon à Henri Casalis, le 28 avril 1866, sur la façon dont « en creusant le vers » il était arrivé à concevoir le néant. De livre en livre on perçoit l'effort de Louis-René des Forêts pour se défaire de l'anecdote, et du « vieux plumage » par une réflexion sur le rythme, le souffle, et la catabase qu'illustre le naufrage du Deutschland, chez Hopkins, du Maître dans *Le Coup de dés* de Mallarmé, et de celui que Jarry fait connaître à *La Dragonne*. Les deux poèmes de Louis-René des Forêts, *Les Mégères de la mer* et les *Poèmes de Samuel Wood*, s'apparentent à ces œuvres. Le travail pratique sur le langage provoque l'aventure spirituelle.

Le langage a « des propriétés sonores d'une étendue insoupçonnée » par sa relation à la musique (toujours présente dans les compositions littéraires de Louis-René des Forêts) ; elles restent insoupçonnées parce que la possibilité du langage de faire entendre ce qui est au-delà de ce qui se dit et de mener outre le prévisible celui qui en use, est sans fin.

Ceux qui ont eu le privilège d'entendre le chanteur Molieri, selon le narrateur des « Grands moments d'un chanteur », publié dans *La*

Chambre des enfants, ont été émerveillés par son registre « si extraordinairement étendu qu'il a pu se livrer à des acrobaties vocales sans précédent comme de franchir avec aisance les plus grands écarts sonores[1] ». À travers la figure du musicien, est évoquée celle du conquérant. En variant les rôles, et en jouant des partitions incompatibles, Molieri se situe en des lieux opposés de la pensée : cela lui permet, comme dans l'art bien compris du romancier, d'occuper tous les points de vue, d'avoir l'intelligence de toutes les oppositions. Comprendre, et vivre, les manifestations les plus variées, c'est se donner le spectacle de sa propre divinité. À défaut de tout pouvoir, il est satisfaisant de se saisir de tout. Les qualités prêtées à la voix de Molieri – celles qui concernent sa tessiture – lui permettent de retrouver une jouissance d'enfant qui s'enivre en chantant à tue-tête, en glissant d'un registre à l'autre « comme si sa voix d'enfant avait des propriétés sonores d'une étendue insoupçonnée[2] ». Les références à la voix, dans les différents récits de Louis-René des Forêts, permettent d'évoquer la puissance (celle que confère la diversité romanesque), la volupté (qui est rappelée par *Le Bavard*), l'expansion infinie de soi en une série d'encyclies sonores. L'écriture littéraire est une façon de chanter discrètement. La poésie est un effet de la marche ; modulant le souffle, elle occupe tout le corps. Elle est un moyen respiratoire pour faire consonner la personne, trop quotidiennement restreinte à soi, et le monde, dans son mouvement autour d'un balancier nébuleux.

DISSOCIATION ET RÉPÉTITION

Le volume intitulé *Les Mégères de la mer* connut deux versions de contenu spirituel et d'ordonnancement identiques, mais de mesure différente. La première était rimée ; elle fut déconstruite en celle que nous connaissons, pour que l'effet sonore régulier ne prédominât pas sur d'autres cadences. Effacée, plus ou moins, en fin de vers, la rime s'est

1 « Les Grands moments d'un chanteur », dans : *La Chambre des enfants*, Paris, Gallimard, coll. « L'Imaginaire », 1983, p. 11.

2 « Une mémoire démentielle », dans : *La Chambre des enfants*, éd. citée, p. 114.

disséminée dans le vers entier ; la construction rythmique est devenue prépondérante, imposant à la diction un emportement, une violence semblables à ceux qu'il faut avoir quand on profère un texte dans le vent.

Il suffit de relire l'état présent des *Mégères de la mer* pour avoir l'idée de ce que pouvait être cette première œuvre, plus étroite et plus régulièrement scandée. Hypothétiquement, on peut concevoir que l'allongement du second vers par un engendrement :

> Je rampe à fleur de terre
> Mes genoux creusent leur voie sur la litière du sable[3]

permet de déplacer l'assonance « litière » à l'intérieur du vers, et de la noyer dans les jeux allitératifs. On a ainsi le sentiment d'avoir à faire à des alexandrins prolongés. Une forme première contrainte a été travaillée en expansion. La dilatation de l'alexandrin est habituellement obtenue par l'adjonction d'un génitif : « Et toujours me rattrape avec son même cri de douleur[4] », ou par celle d'un adjectif qui constitue un écho à la rime précédente dans l'intérieur du vers :

> À moins de pister le temps jusqu'à la grève fabuleuse,
> Où enfants que talonne aux grolles la gueuse prétraille[5].

Quand la rime, reprise de façon batelée,

> Et les voici trébuchantes comme de vieux sacs à poussière
> Hors du sanctuaire [...][6].

consonne avec les phonèmes fondamentaux du titre, « gère–mer », on a le sentiment que le poème constitue la dilatation du titre.

Le mot « mer », certes, n'apparaît que trois fois en fin de vers (« malignité de la mer », « rythme animal de la mer », « fiancée de la mer[7] ») et est répété deux fois sous forme homophone et vocative (« O mère[8] ») ; plus encore : dans les deux cents quatre-vingt-neuf vers du poème, le mot « mégère » n'est pas utilisé à la rime mais englouti dans un vers :

---

3 *Les Mégères de la mer*, p. 18.
4 *Id.*, p. 12.
5 *Ibid.*
6 *Id.*, p. 13.
7 Respectivement : p. 16, 18 et 21.
8 *Id.*, p. 12 et 22.

> Hoquetant à refouler dans leur gosier la chair pâteuse
> Elles festoyaient de raies et de raves, nos mégères troglodytes[9] !

où jouent une allitération interne (« chair » – « mégères »), et une disjonction des adjectifs et des substantifs (un silence séparant les mots accentués). Si le mot « mégères » est d'usage restreint, il est rappelé musicalement par « poussière », « sanctuaire », « journalières », « lisière », dans les huit vers qui entourent sa nomination.

À la façon dont Saussure proposait d'entendre, parcellisés dans les vers saturniens, les noms des héros célébrés, on peut guetter dans le poème le retour obsessionnel des syllabes du titre, avec leur scansion, et l'alternance de la voyelle orale sous sa forme ouverte et fermée, et, entre les deux anapestes, le creux néant du « e » muet.

Une concaténation sonore entraîne l'association des mots et des notions : « de sabbat des vagues », « si crayeuse ta chair ». Les consonnes, tout autant que les voyelles, sont répétées pour suggérer, sous l'organisation syntaxique de la phrase (celle qui obéit aux lois de la rhétorique ordinaire), la présence active d'une rhétorique profonde dont parlait Baudelaire. Et grâce à quoi l'explication du texte est toujours en déficit sur ce qu'il évoque. Des répétitions sonores – qu'elles soient de l'ordre de la paronomase ou de la paronymie – des similitudes phonétiques entre les termes, le lecteur infère une analogie de sens. Transférant aux mots ce qui fut, à l'époque de Paracelse, considéré comme la marque d'une « signature » (une similitude entre des formes devenait le signe de qualités communes), le lecteur n'entend pas seulement une musique sous des mots : la ressemblance phonétique entraîne, entre un mot et un autre, une imaginaire contamination sémantique ; les signifiés se mêlent dans l'écho des signifiants, la répétition de la consonne nasale, comme une annonce continue et obstinée – « désormais foulant ce morne pays nommé moi-même » – permet l'assimilation d'un paysage, celui de la mer et des grèves, à une impression intérieure de ressassement : les Mégères de la mer ont cessé d'être des figures anecdotiques et extérieures pour devenir les représentations de nos tensions, des angoisses et des désirs, de la peur et de la jubilation, qui se concrétisent dans nos perceptions.

La communication du monde intérieur et du monde extérieur (selon l'illustration qu'en propose Robert Fludd lorsqu'il met en coïncidence,

---

9 *Id.*, p. 13.

sur le monocorde, le rythme du corps et la gamme cosmique) se fait par l'intermédiaire d'un même moyen de représentation : la musique des sphères ne s'entend qu'en soi, mais le branle donné à la matière sonore du langage fait autrement percevoir les images étoilées.

La première version rimée demeure dans l'œuvre définitive, mais dissoute. Une double musique court dans le poème : l'une réitère le titre, l'autre fait entendre, entre deux chuchotements de la labiale « U », et dans la voyelle fermée « i », le rire de l'enfant, si « dur à fléchir », les

> Momies des cavernes qui ne semblent vêtues que de leur ombre
> Dans la brume argentine où leurs mains gesticulent[10],

maintenant dans le roulement de leurs grognements un écho des cris et des ris ingénus.

LE SOUFFLE

Le vers des *Mégères de la mer* donne le sentiment d'être substantiellement un alexandrin, mais dilaté, expansé. Le vers est articulé sur deux parties nettement distinctes :

> Dans le cercle fermé de tes doubles prunelles
> Où j'ai revu se défaire mon innocence première[11]… ;

au groupe pair (relativement rare), succède un impair fréquent ; la boiterie est produite par l'allongement des hémistiches. Le vers « Je pique dans la brume rousse d'un printemps tardif » fait entendre en nous la force du rythme alexandrin comme si l'adjectif était en rejet interne. Une récitation prosaïque, et romantique (sous la forme hugolienne : « J'ai disloqué ce grand niais d'alexandrin », ou sous celle, moins déclamatoire et plus lyrique, de Corneille : « Toujours aimer, toujours souffrir, toujours mourir », dans *Suréna* I, 3), isolerait « Je pique » (qui reprend un précédent : « Je détale ») du complément de lieu (« dans la brume

10 *Id.*, p. 17.
11 *Id.*, p. 12.

rousse ») et de l'indication postérieure et circonstancielle (« d'un printemps tardif »). Une double lecture rythmique du poème est possible du fait de la fréquente postposition de l'adjectif suivi d'un complément, ce qui entraîne la rupture d'un groupe homogène, et en conséquence la multiplication des accents du vers : « Quelle hargne sombre vous endiable, méduses baveuses[12]. »

Deux rythmes se superposent ; G. M. Hopkins parlait de « chœurs contre-pointés », dans *Carnets. Journal. Lettres*[13], pour évoquer les doubles possibilités rythmiques. On a un exemple de ce système dans le dernier vers du sonnet intitulé *Le Cygne* par Stéphane Mallarmé :

> Que vêt parmi l'exil inutile le cygne.

Une lecture classique place la césure entre « l'exil » et « inutile », qui en vient à qualifier le cygne ; tandis que si on accorde au vers un rythme ternaire :

> Que vêt – parmi l'exil inutile – le cygne,

c'est l'éloignement qui perd toute signification. La construction de certains vers, dans *Les Mégères*, est semblable à celle de Mallarmé :

> Emmuré dans les mots, tâtonnant dans la nuit des images,
> Un enfant cruel en moi réclame de ne rien ensevelir[14].

À un alexandrin amplifié (quatre anapestes plus un surnuméraire), succède une phrase diversement divisible : « un enfant cruel – en moi réclame » ou « un enfant – cruel en moi – réclame… ».

La poésie rend possible l'imprévisible dans le traditionnel.

L'alexandrin parfaitement classique, selon Georges Lote, dans son *Histoire du vers français* (1949-1955), est composé d'un péon suivi d'un iambe dans chaque hémistiche. La mesure du vers plus que son nombre de syllabes tient aux quatre accents qui le rythment. Dans une lettre au Révérend W. Dixon, du 5 octobre 1878, G. M. Hopkins exprimait sa volonté d'« obtenir la scansion en se fiant aux seuls temps forts ou

12 *Id.*, p. 17.
13 Traduits de l'anglais et présentés par H. Bokanowski et L.-R. des Forêts, Paris, U.G.E., 1976, p. 232.
14 *Les Mégères de la mer*, p. 14.

accents toniques, compte non tenu du nombre des syllabes, de telle manière qu'un pied peut être composé d'une syllabe forte ou bien de plusieurs faibles et d'une forte[15] ». Le vers de base des *Mégères* est caractérisé par cinq accents, si bien qu'un vers tel que « Hors du sanctuaire processionnant et roulant leur fût[16] » en dépit de sa quinzaine de pieds paraît catalectique.

Dans son essai intitulé « Poésie et vérité », repris dans les *Entretiens sur la poésie*, Yves Bonnefoy insiste sur la façon dont la poésie traite musicalement le langage : « Le mot est une matière, c'est un son qui amorce au plan de la phrase une forme de même nature sonore, et en cela même il est rythme, et d'ailleurs, d'emblée il a été souffle, qui emploie notre souffle, qui le fait vivre hors de nous[17] ». On pourrait considérer que, de l'expression initiale du titre, *Les Mégères de la mer*, dans la musique d'une note reprise à diverses hauteurs, et dans son rythme branlant, s'ensuit tout le poème, comme le développement chanté d'une expression énigmatique. Le sens du groupe syntaxique nous prescrit une diction qui, s'imposant à notre corps par l'intermédiaire du souffle, nous contraint à nous accorder différemment au monde. Les mots ont des propriétés sonores d'une étendue insoupçonnée.

Yves Bonnefoy lie judicieusement la lecture de la poésie et la respiration, à la façon dont Cœuvre s'explique à Yvors :

> O mon fils ! lorsque j'étais un poète entre les hommes,
> J'inventai ce vers qui n'avait ni rime ni mètre,
> Et je le définissais dans le secret de mon cœur cette fonction double et réciproque
> Par laquelle l'homme absorbe la vie et restitue, dans l'acte suprême de l'expiration,
> Une parole intelligible.

Dans ses « Réflexions et propositions sur le vers français » en 1925, Paul Claudel reprendra à son compte le propos de son personnage au troisième acte de la seconde version de *La Ville* (éd. 1901) : « Le vers composé d'une ligne et d'un blanc est cette action double, cette respiration par laquelle l'homme absorbe la vie et restitue une parole intelligible ».

Les attitudes de Paul Claudel et d'Yves Bonnefoy sont cependant différentes, en dépit d'une similitude expérimentale, celle du rôle du souffle dans la transformation de soi par la poésie : pour Claudel elle est

15 *Id.*, p. 230.
16 *Id.*, p. 13.
17 Paris, Mercure de France, 1990, p. 262.

acte de grâce, et restitution de l'âme ; pour Bonnefoy, son exercice est une façon de retrouver, dans la parole, énoncée à la fois pour sa signification et sa physique, la démarche primordiale du vivant.

Plus proche de l'attitude spirituelle d'Yves Bonnefoy que de celle de Claudel, Louis-René des Forêts construit son œuvre sur des effets de disjonction. Dans le cas des *Mégères de la mer* deux structures sont perçues concurremment ; l'une, qui relèverait de l'« *ordo grammaticalis* », permet d'user de la langue comme d'un outil de communication, l'autre, de l'« *oratorius ordo* » qui, troublant le sens, le suspendant ou le rendant équivoque, introduit directement à ce qui, complémentairement à l'ithos, était nommé le pathos : « Mouvements, figures propres à toucher fortement l'âme des auditeurs. » Cette double organisation du dis cours poétique – que marqua un temps l'usage significatif de l'inversion dans le vers – n'est certes pas propre à la poésie de Louis-René des Forêts, mais elle est aisément décelable en elle. Et lui est dû le sentiment d'étrangeté langagière qui se dégage du poème.

Il y a plus encore. L'effet poétique n'est pas mental mais physique, en imposant sa cadence au souffle, il détermine le rythme du cœur ; l'esprit se libère de ce qui tend à l'encombrer ; il n'entend plus que battre le monde. Bien plus que d'assurer au texte sa cohérence profonde (s'ancrant dans le biologique en deçà du mental grammatical), le rythme a pour bénéfice de rendre le lecteur habitant premier de son être. La qualité de la poésie n'est pas la suavité ; pas plus que la musique, elle ne charme l'oreille : elle permet de retrouver le grondement du monde par le moyen de mots qui le neutralisaient, parfois l'effaçaient.

UNE MUSIQUE

Dans son amoureuse *Haine de la musique*[18], Pascal Quignard commente l'expression souvent citée dans la Philocalie du cœur : « chanter avec le tambourin et la harpe » ; pour justifier l'usage incessant de la litanie, les ascètes du désert disaient : « Au-delà du sens est le verbe ».

Au-delà de ce qui est sémantique pèse le corps du langage. Le rapport de la poésie et de la parole liturgique est établi par l'action

18 Paris, Calmann-Lévy, 1996, p. 276.

physique de la prière. « Abêtissez-vous », proposait Pascal ; ce ne voulait rien dire d'autre que libérez-vous de la rationalisation langagière qui vous garde écarté de votre condition. La répétition d'une forme syntaxique induit un semblant d'hypnose (à la condition que l'esprit, se libérant par l'automatisme, ne se mette pas à penser à autre chose). La poésie use d'un procédé semblable, mais dans une forme rythmique reconnaissable (prévoir les éléments de retour donne, comme dans l'audition musicale, l'impression illusoire de maîtriser le temps) ; une constante ambiguïté trouble le sens. La forme litanique est explicitement (« Du jour où… De ce jour… » ; « Il y eut[19]… »), ou implicitement, dans les reprises anaphoriques, ou dans les épiphores, présentes dans *Les Mégères*. Les répétitions (comme le son des rimes) sont des indications de mesure, frappées pour donner le tempo musical à la façon du martèlement du sol par le chef, avant qu'il ne troque sa canne pour une baguette. La forme litanique – qui est à la fois une variante de la rime et l'annonce d'une amplification du discours – est une caractéristique du pouvoir poétique. Litanie et prière sont des mots parallèles.

La musique a été tenue pour instaurer l'harmonie en l'homme. Robert Fludd a illustré, non le pouvoir qu'aurait la musique, mais, par le dessin d'un monocorde divin où viennent à consonner selon les notes de la gamme, du sol grave de la Terre au sol aigu de l'Empyrée, l'équivalence des rythmes de l'univers et de nos cadences corporelles. Ce qui apparaît disjoint se trouve résonner : les oppositions se résolvent selon la théorie de la *discordia concors*, ou de la *concordia discors*. Telle est la sensation que donne l'œuvre poétique, de ramener à l'unisson ce que disjoint le discours analytique. Le mouvement de contraction et de dilatation, de similitude et de dissemblance, de coïncidence sonore et de différence sémantique entraîne un constant changement d'état d'esprit, l'équivalent de ce que les penseurs grecs nommaient une *métanoia*. L'universel se fait entendre dans le particulier et le lecteur, selon Claudel, est porté comme par une succession de « conversions » dans un état harmonieux : « Il sent ses mouvements et ses pensées adoptés par l'ordre éternel. Il est détaché du hasardeux et du quotidien[20] ». La

---

19 *Les Mégères*, p. 13 et 25.

20 *Positions et propositions*, dans *Œuvres en prose*, Paris, Gallimard, coll. « Bibliothèque de la Pléiade », 1965, p. 7.

musique – celle qui est interne à la poésie, grâce à laquelle la poésie, dans son écriture et dans sa lecture, est efficace – fait advenir la peur à la jubilation. La musique permet de penser réintégré à ce qui serait l'Âme du monde (à l'Un, diraient Plotin et Bonnefoy) ce que nous ne percevons que dissocié. La diction poétique réintroduit un événement singulier, disjoint et désassemblé, dans un « étant » primordial qui unit en la « fureur », le sentiment de révélation (le *flush*, dans la terminologie de Hopkins), et l'intensité (l'élan d'expression) qui le porte à la conscience de sa nature (ce pourrait être le *pitch*).

Les Mégères ont les visages divers de la mer : leurs voix sont celles de nos misères partagées et de nos obstinations singulières.

« DES PROPRIÉTÉS SONORES D'UNE ÉTENDUE INSOUPÇONNÉE »

Au chant de la possession du monde, dans la peur certes, mais avec la jubilation de l'affrontement, ont succédé les *Poèmes de Samuel Wood*, qui disent la dépossession, le dépouillement après qu'a été faite l'expérience du leurre.

Le vers s'est fait bref, et à l'alexandrin, dilaté, est préféré un vers progressivement réduit. Évoquant sa mémoire

> Où il tourne en rond sans trouver sa voix,
> Sinon quand le vent souffle à travers bois,
> Que la mer roule fort, couvre d'écume les digues,
> Quand la nature met la langue à sa rude école,
> Et lui enseigne des harmonies sauvages,
> Suaves aussi parfois [...][21],

le poète semble rappeler l'écriture des *Mégères de la mer* (jusque dans l'usage de la rime batelée dans les derniers vers). La voix, qui visait à restituer la violence vivante du monde (et d'une façon un peu spinoziste à laisser le parleur se faire emporter par le vent salubre), est donnée pour fallacieuse, pour trop fardée :

---

21 P. 7.

Trop belles sont ces images engourdies dans leurs poses,
Qu'on voudrait voir dévêtues et fouettées jusqu'au sang[22].

Les images foisonnent dans les *Mégères de la mer* ; elles ne sont pas construites sous forme de comparaisons, mais sont des identifications. Elles relèvent d'une confiance dans un élan vital que ne possède plus Samuel Wood. Aucun des traits qui marquaient la poésie des *Mégères de la mer* n'est conservé par Samuel Wood, ni l'emportement du vers, ni la musique syllabique, ni les décalages rythmiques. Il s'agit cette fois d'une expérience de l'écho, de l'homme et de l'enfant qu'il aime, du veilleur et de son rêve, de l'être attentif et de l'insaisissable. Non seulement la parole ne se saisit de rien, mais en se dissipant elle entraîne avec elle dans sa fumée celui qui croyait la maîtriser. Du coup le vers perd le caractère violent, jaculatoire, que lui donnaient son ampleur et la rocaille de ses allitérations. Samuel Wood parle un alexandrin allégé ; dans les évocations matinales – celles dont on s'imagine qu'elles pourraient n'être pas un leurre puisqu'elles ont franchi les portes de corne –prédomine un friselis de labiales, quand le retour à la raison désespérante rend la voix rauque et impose de rendre fortes les articulations de la phrase :

Ces visions n'étaient qu'une erreur de l'oubli,
Leur charme sèchement rompu nous enseigne que
Revendiquer son bien n'est pas l'avoir[23]

(il est rare qu'un outil grammatical soit placé au lieu le plus fortement accentué du vers).

Le poème est un monument ; et comme les architectures loyales, il ne masque pas ses lignes de force : issu d'une expérience de la mort, il expose les raisons que l'on a de ne rien espérer. Vivre, ce ne peut être que perdre. Mais de quel type de monument poétique peut-il s'agir ? Le poème paraît être une chambre d'échos destinée à capter des voix revenantes. De leurs murmures incessants, on vient à leur supposer un lieu d'être.

De ces obsessions nocturnes aux formes si précises
Rien ne laisse deviner la provenance et la clé[24].

---

22 P. 8.
23 P. 13.
24 *Poèmes de Samuel Wood*, Montpellier, Fata Morgana, 1988, p. 9.

Les voix que nous entendons sont l'écho de nos angoisses : « Le fantôme que tu aperçois », fait dire Écho à Narcisse dans *Les Métamorphoses* d'Ovide (livre III), « n'est que le reflet de ton image ». La fable de Narcisse n'est pas celle d'une complaisance amoureuse, mais d'une désolation solitaire : qu'il se considère dans les eaux de l'abîme, ou qu'il plonge dans celles du ciel (c'est là une attitude prêtée à l'enfant dans *Ostinato*, au bord d'une falaise, sur le dos, se raccrochant à quelques fumées nuageuses pour ne pas tomber dans l'illimité), ce qui le tente, l'aspire comme étant le lieu de son secret, matière marécageuse ou céleste, n'est que le produit de son imagination. Au plus bas, ou au plus haut, il ne voit que lui, trop humain ou angélique. La conscience qu'il ne peut se saisir de rien d'autre que de son image, angoissé de ce qu'elle soit sans substance, le renvoie à sa propre incertitude : il n'est rien de ne rien produire. Le Bavard, déjà, dans la dernière partie de son récit, s'interroge sur sa nature : « Suis-je un homme, une ombre ou rien, absolument rien[25] ? ». Il est essentiellement une voix ; il lui est prêté une forme vocale pour que l'imaginaire du lecteur puisse fabuler un corps ; il n'est rien d'autre qu'un tissu de mots. Samuel Wood est plus clairement encore une simple rumeur. Aussi l'interrogation sur son statut est-elle fondée :

> Toi dont rien ne dit que tu vives sous ce nom,
> Samuel, Samuel, est-ce bien ta voix que j'entends
> Venir comme des profondeurs d'un tombeau [...][26] ?

Le mystère d'être n'est pas dans la personne, dont on pense qu'elle se défera sans qu'on soit plus alors dans le secret de sa métamorphose qu'on ne fut dans celui de son apparition : il est tout entier dans la voix, dans le fait que le corps vivant et pensable puisse s'exhaler en un chant, sans origine, puisque nous ne savons d'où il est issu, ni sans fin puisque notre disparition même ne l'achève pas. De la parole, qui nous a été donnée, sans projet, comment concevoir que nous l'ayons organisée comme nous devions le faire pour transmettre, à travers elle, ce dont nous resterons toujours ignorants, comme si notre parole tout en nous étant intime devait nous demeurer étrangère ? Ce que nous disons « nôtre », en parlant de « notre » usage du langage, est sans cesse inopiné : nous ne trouvons pas plus aisément une expression qu'un débris de rêve. Nous ne coïncidons

25 *Le Bavard*, Paris, Gallimard, 1946 ; rééd. coll. « L'Imaginaire », 1978, p. 152.
26 P. 40.

que par éclair avec ce que nous énonçons. Samuel Wood évoque des rêves insistants : mais, par leurs moyens, ou à leur image, plus encore, il souligne l'irruption en soi d'une parole dotée d'un rythme, d'une, parole dont le contenu intelligible ne justifie en rien la jubilation qu'elle cause. Le premier vers est donné, disait Valéry, sans oser préciser par qui : du moins permettait-il d'entendre, par cette affirmation elliptique, que le second n'avait pas qualité pour prolonger le premier, mais pouvait seulement le reprendre, dans l'espoir de posséder volontairement, par une modeste répétition, ce qui fut reçu inopinément. Du rêve, dont la vérité fut absolue, dont l'évidence fut incontestable, il demeure seulement dans le récit qui tente de s'en saisir au réveil des images si ténues, des éclats si disjoints que le néant semble-t-il s'est insinué entre eux, que le silence déchire la voix, que le parleur est devenu personne. Alors que *Les Mégères de la mer* sont un poème de l'affrontement, les *Poèmes de Samuel Wood* – et peut-être est-ce la raison de leur titre pluriel – sont semblables aux lambeaux de nuages bas et gris qui rendent insondable le ciel, lointain et sombre entre eux. Ce qui les caractérise, c'est le dépouillement, la nudité de parole. *Le Bavard*, déjà, avait feint de s'attacher à la parole nue, avec scepticisme : « Mais feindre de renoncer aux artifices, c'était *aussi* un artifice, et autrement sournois[27] ». Le but serait de retrouver une parole dépouillée et souveraine. Les mythologies, ou les religions, se sont développées à partir de l'efficacité imaginaire d'un langage transparent (comme le vent), et indéniable (comme les appels). Il suffirait de défaire notre langue de ses effets parasitaires, de ses artifices diaboliques, pour retrouver sa native beauté. Dans *La Science du langage*[28], Max Muller faisait valoir que « Dès que l'humanité cesse de "résonner" devant le monde, la maladie s'insinue dans le langage. » La « maladie » du langage, c'est l'excès, l'hyperbole et la solennité. La contemplation ne s'accommode pas de l'artifice. C'est là la faute que dénonce *Le Bavard* en délabrant ses magnifiques constructions et en détruisant ses ruines. En bref, il y aurait une innocence première, où l'homme parle comme le monde bruit ; plus tard le langage paraît être un objet si délicat, d'une nature si étrangère à soi, d'un usage si subtil qu'il passe pour un objet précieux, jusqu'à ce que conscience soit prise qu'un raffinement excessif dans son emploi porte le danger d'une rupture avec l'expérience. Mais revenir

---

27 P. 151.
28 Trad. G. Harris et G. Perrot, Paris, A. Durand et Pedone Lauriel, 1876, p. 30.

à l'expression simple, n'est-ce pas céder à l'illusion qu'il serait possible de retrouver une langue primitive, où être et nommer se confondaient ? Elle est perdue ; elle ne peut se retrouver qu'en tant que chose perdue. Cette douleur fondamentale – que renouvellent les deuils : « Irréparable cassure. Prenons-en acte[29] » – ne peut se dépasser que par un acte de conversion spirituelle : opérer la destruction du désastre et retrouver une harmonie par un geste de réinvention spirituelle, et volontaire.

Par rapport à la poétique des *Mégères*, celle des *Poèmes de Samuel Wood* est marquée par la vigilance, qui est à la fois un jeûne de l'esprit et une disposition d'accueil. Samuel, le Samuel évoqué, est un des « Pères Nêptiques » dont il est question dans *La Petite Philocalie de la Prière du cœur* par Jean Gouillard[30] : le livre qu'ils édifient n'est ni plus ni moins, selon Nicodème, que le « trésor de la sobriété, la sauvegarde de l'intelligence, la mystique didascalée de la prière de l'esprit, le modèle éminent de la vie active, le guide infaillible de la contemplation, le paradis des Pères et la chaîne des vertus[31] ». Il faudrait, certes, opérer quelques suppressions, ou ajustements, pour que cette citation, que je voulais exacte, pût être suggestive quant au ton particulier des murmures que les ombres soufflent à Samuel Wood. Ses poèmes relèvent de la psalmodie, quand *Les Mégères de la mer* sont de l'ordre symphonique. Si l'inspiration – le premier vers « donné » selon Valéry – marque, dans la conscience, s'éclairant de la beauté et de la vérité, l'entrée de l'esprit dans le cœur, « l'expiration équivaut », nous dit Grégoire le Sinaïte, « à une certaine rémission et dissipation de l'attention ». Au terme de son discours, le Bavard éconduit ses auditeurs : « Allons, Messieurs, puisque je vous dis que je ne retiens plus personne », parce qu'il est lui-même abandonné par la parole. De façon semblable, à la fin des *Mégères de la mer*, le locuteur et l'interlocuteur sont renvoyés par le même congédiement orgueilleux. Samuel Wood est « Une ombre peut-être, rien qu'une ombre inventée », qui se dissipe alors que s'étouffe la voix de l'orage « Dont on ne sait s'il se rapproche ou s'en va[32] », alors que les nouvelles de *La Chambre des enfants* pourraient se poursuivre, quelles que soient apparemment leurs fins. Le poème se clôt absolument, le silence est

29 P. 14.
30 *Cahiers du Sud*, 1953.
31 P. 9.
32 P. 44.

là, divin. La durée d'un poème est celle d'une respiration, ou d'une vie, du premier cri à la restitution du souffle.

Les *Poèmes de Samuel Wood* sont issus de l'incertitude où nous laissent les rêves sur leur nature et leur raison ; la relation qui, de tous temps, a été conçue entre eux et la poésie ne tient pas à ce que nous ne gardons d'eux que des images mystérieuses : l'origine du rêve et celle du poème sont également énigmatiques et absolues, tout autant que leurs fins. Le temps du poème, sans cesse recommencé, est hors de la durée qui produit le vieillissement. Dans les rêves, les personnes ne connaissent pas le déclin. Les événements se succèdent sans usure. En eux, le deuil ne travaille pas (mais le fait-il dans la vie ? La mort y est toujours nouvelle). La poésie et le rêve ne connaissent que la répétition. La façon dont les souvenirs font irruption en nous, qu'ils concernent notre personne ou la tribu, s'apparente à l'accès de fureur poétique : soudain dans un langage, utile mais oubliable, prédomine le sentiment d'une révélation obscure, certes, mais certaine.

Ces moments, qui reviennent soudainement à l'esprit, se cristallisent en vérités épiphaniques. Les fragments d'*Ostinato* sont, dans leur substance, ordinaires et communs ; mais leur forme les place hors d'une histoire personnelle, hors de la durée. Ce sont de petits monuments de sens inépuisables, comme le sont les rêves.

« FAIRE CULBUTER LES ÉTOILES »

Qu'est-ce que le travail sur le vers, qu'il consiste à le marteler ou à le dépouiller, sinon un exercice de précision de la parole ? En vue de quelle fin ?

L'humour d'Alfred Jarry, quand il permet au poète d'interroger la muse dans *L'Amour en visites*, ne masque pas la gravité, shakespearienne, du propos : « Est-ce que détruire l'ancien rythme ne va pas faire culbuter les étoiles ? Je suis inquiet. Je porte vraiment le monde sur les épaules ! *Étoiles. Épaules* ? Ça ne rime guère ! Tâchons de ne pas *dévoler outre-mer* ! Je vois du bleu ». (Dans *Les jours et les nuits*, au livre I, ch. 4, cette étrange expression est expliquée par une anecdote : se séparant de leurs corps, des têtes peuvent voler dans les arbres avant de venir se reposer sur leur « collier sanglant » : « Mais il ne faut pas qu'un certain vent souffle, car, le cordon rompu, la tête dévoierait outre-mer »). Confondre les rimes, mêler les sonorités, étoiles et épaules, c'est bien plus que perdre la tête, et la laisser emporter outre-mer. Le spectre qui apparaît à Hamlet lui fait sentir que « Le temps est sorti de ses gonds ». (I, 5). Attenter à l'ordre des conventions poétiques, et disjoindre les rimes attendues (« étoiles » appelle « voiles », « épaules », « saules »), laisser des revenants perturber l'ordre social, fausse les charnières, brise les paumelles, entraîne malencontreusement le balancier du monde.

Ce qui s'impose à nous en dépit de nous serait vrai ; ce qui se reprend et s'échange serait de l'ordre du contrat social et de la fiction. La différence entre la prose et la poésie n'est pas formelle ; elle tient à la façon de nous concevoir à l'égard du langage : avec la prose, nous faisons du langage l'instrument d'un discours que nous maîtrisons, plus ou moins bien, dans la poésie le langage s'impose à nous ; une musique, une forme, un sens deviennent indiscutables à l'oreille mentale, à l'œil clos, à l'esprit s'ouvrant. Bien que certaines nouvelles de *La Chambre des enfants* n'aient pas été préméditées dans leur forme, mais progressivement inventées, et reçues par le Scripteur comme des dons d'inconnu, il n'y a rien dans cette œuvre qui relève d'un automatisme simple, ou d'un emportement déraisonnable. L'écriture progresse dans le brouillard ; et le sentiment est brutalement celui d'un ajustement de la tête au socle des épaules, du temps à ses gonds. Le travail poétique ne produit rien d'autre qu'un état de disponibilité à l'émerveillement. La phrase qui, alors, prend forme donne à celui qui la reçoit en la produisant le sentiment d'un don immérité et d'un ravissement. L'opposition formelle entre *Les Mégères de la mer* et les *Poèmes de Samuel Wood* serait celle de la marche harmonique et de la pavane ; mais l'objet, dans l'un et l'autre, est de parvenir à la distinction de ce qui passe par les portes d'ivoire, et nous leurre, et de ce qui franchit les portes de corne, et nous révèle à nous-même des pensées que nous ne pouvions pas concevoir mais qui nous paraissent clairement être les nôtres. Dès lors, l'impression, qui se modifie en nous, est celle de notre relation au monde. Le temps, qui nous paraissait gauchi, tourne sur ses gonds. La question de Jarry (« Est-ce que détruire l'ancien rythme ne va pas faire culbuter les étoiles ? ») évoque la vision générale des rapports de l'homme et du cosmos illustrée par

Robert Fludd : le « Monocorde divin », qui vibre de la terre à l'empyrée. La descente et la remontée du souvenir se fait musicalement.

« L'Un est toutes choses, et toutes choses sont l'Un », écrit Fludd sur le *Grand Monocorde*, et le Poète a la conviction de diriger le chœur des planètes sur la lyre à sept cordes. Détruire l'ancien rythme est aspirer à une nouvelle harmonie. La forme poétique est une façon d'enseigner à respirer, et en libérant le souffle à ouvrir le cœur des pierres et à dénouer la ligne des nœuds.

L'œuvre littéraire – fût-ce *Ostinato* – tend moins à constituer un théâtre de mémoire, qu'une chambre d'échos. La violence s'y déchaîne quand sont confrontés l'adulte et l'enfant, et que celui qui convoque est celui qui est jugé. Ils sont affrontés dans une lande, en un lieu désorienté, où seuls les vents tourbillonnent. Telle est, prosodiquement, l'atmosphère des *Mégères de la mer*. Tout autre est celle des *Poèmes de Samuel Wood* : un vieux magicien se perd dans les apparitions qu'il suscite ; créateur de fantômes, il deviendra fantôme, et n'aura pas plus de durée que ses rêves n'ont de consistance. Mais en cette chambre, semblable à celle d'un tombeau, il doit demeurer et œuvrer, dans l'espoir de retrouver « les propriétés sonores d'une étendue insoupçonnée » que possédait le monde, en son enfance, et de tenir la note juste.

« CE QUE L'ŒIL A CRU VOIR »

> Rompre avec les choses réelles, ce n'est rien ; mais avec les souvenirs ! Le cœur se brise à la séparation des songes, tant il y a peu de réalité dans l'homme.
> CHATEAUBRIAND, *La Vie de Rancé*, l. II.

De la première édition à la seconde, qui sera la dernière, la composition du volume *La Chambre des enfants* a été modifiée par Louis-René des Forêts. En retirant de l'ouvrage initial le texte intitulé « Un malade en forêt », il évitait que les nouvelles rassemblées fussent prises pour des témoignages, ou des commentaires sur l'équivoque du théâtre, les affres du rêve, la vie adolescente. Ôté le premier récit au ton réaliste, l'ouvrage tout entier parut écrit dans l'ombre portée sur lui par la dernière nouvelle. Effet de volonté ou de hasard, elle était inédite avant de paraître en volume, contrairement aux nouvelles.

Ce dernier récit raconte les déboires habituels, et un succès exceptionnel, de « Léonard » : il voudrait se concilier un ami, le frère de « Louise » ; avec elle, il parle de l'absent-présent, reclus dans sa chambre au fond du couloir ; une confrontation entre le visiteur et le frère de « Louise » est rapportée triomphalement par « Léonard », et aussi mise en doute par « Louise ». De ce frère à l'existence énigmatique nous ne saurons pas plus. Mais toute cette histoire est une fiction : on vient de lire une des versions, qui n'est pas la dernière, d'un texte écrit par un adolescent, cousin de « Louise » pour provoquer la jeune femme. Il veut, dit-il, la faire apparaître à elle-même « dans un miroir ».

Que le jeune homme soit un témoin indiscret – comme il aime se montrer – ou un affabulateur invétéré – comme « Louise » se plaît à le lui reprocher –, en décider ne résout pas les énigmes : si le narrateur veut réaliser un portrait de « Louise », pourquoi, pour le construire, utilise-t-il tant de détours ? Et quel est son espoir véritable ? On dirait qu'il n'a trouvé que cette déviation pour, selon une astuce bien connue, en parlant d'autre chose, cerner ce dont il présume la présence sans pouvoir, pour autant, lui prêter un corps et des mots. Ou bien on peut penser que lui-même agit à la façon d'un romancier, et s'efforce de produire en biais un autoportrait, qu'il n'estime pas très exact, s'imposant de le reprendre. Construire une image de soi, ce n'est pas se donner un nom, mais spéculer sur ce qui manque pour que paraissent unis les fragments du monde.

« LE SEUL RÉPONDANT DE TOUTES LES PAROLES »

Le propre d'un bon portrait est de contraindre son sujet, qu'il s'agisse d'un paysage ou d'une personne, à ressembler progressivement à l'image qui en a été donnée. De façon semblable, la narration d'une vie d'auteur se conforme à ses œuvres. La vie du romancier semble une fiction parmi celles qu'il a produites. Elle est rendue lisible grâce à ses œuvres.

Supposons un élément déterminant de son existence, que ce soit une blessure ou un deuil, le travail littéraire vise à sa commémoration, et à son effacement. Il s'agit de rendre supportable ce à quoi on a cru ne pas pouvoir survivre. Progressivement on se souvient de ce souvenir autant que de ce qui a paru inoubliable ; le fait initial se dilue dans sa célébration, et ainsi gagne-t-on le sentiment de pouvoir tolérer l'intolérable. L'art soigne en opérant un déplacement, une transposition : ce qui avait été un fait d'existence est devenu un fait de parole. Seule son ombre alors est saisie et figurée ; ce qu'il y avait de particulier et de scandaleux dans l'aventure vécue est assimilé à un cas général. Tel est le rôle des déplorations et des oraisons. On est passé du circonstancié au symbolique. Vu dans un miroir, l'incohérent atteint l'équilibre. Aussi toute critique qui tient pour explication suffisante du travail artistique l'identification de l'événement qui lui a donné naissance est candide et malavisée. Une œuvre ne se réduit pas à des données biographiques, mais les assimile en vue de les transfigurer. Comme dans le cas du portrait qui fait voir ce qui d'un être ne se voit pas, l'œuvre littéraire permet de proposer le rappel des faits d'existence comme une fiction cohérente. La vie est une fiction que seules les œuvres rendent partiellement claire.

De notre mémoire nous faisons l'équivalent d'une demeure. Nous imaginons conserver ceux que nous avons aimés dans un espace qui les soustrairait à l'absence absolue (le lieu de ce qui ne fut jamais). Si agréablement leurrant que soit « le magique espoir du corridor », selon l'expression de Mallarmé évoquant les revenants, et le rêve, qui nous fait croire à une résurrection possible des morts, il nous faut nous en défier, et admettre, pour les disparus et les morts,

> Que soit un fait le fait de n'être nulle part.
> Irréparable cassure. Prenons en acte[1].

Mais cet acte de lucidité et de courage s'accompagne de douleur : nous devons aux morts un chagrin éternel ; il est le signe de notre espoir (chimérique) de les ramener parmi nous. Les morts ont un droit de résurrection ; nous attendons de nos descendants qu'ils nous rendent ce devoir. On ne sait pas se pardonner de survivre à ceux qui sont morts. On se doit de penser à eux, mais on voudrait les implorer de cesser de nous hanter. Pourrait-on se faire la grâce de les oublier, qu'on le refuserait. Nous voulons seulement garder la maîtrise de la douleur que leur absence nous cause, et nous donner la liberté de les recevoir, et de les congédier à notre gré. Mais ils sont de plus en plus pressants. Le temps nous conduit insidieusement au bord du champ d'asphodèles où errent les esprits des aïeux. « Nous arriverons, comme Ulysse, au bord de cette fosse où les âmes de nos ancêtres reviennent – boire du sang – pour revivre[2] ». Plus nous vieillissons, plus les souvenirs nous guettent. Les morts se vengent de notre inattention à leur égard. On ne survit pas à un être aimé, sans éprouver la responsabilité de l'avoir laissé mourir. On n'est jamais assuré du pardon des morts. À la table où nous occupons leur place et mangeons leurs fruits, nous aimerions qu'ils nous intronisent à notre rôle nouveau. La pièce sombre, au fond du couloir, vide certes de tout être précis, bruit de murmures, et d'un froissement de linceul. Le travail de la mémoire littéraire devrait rendre le souvenir

1 *Poèmes de Samuel Wood*, Montpellier, Fata Morgana, 1988, p. 14.

2 Alfred Jarry, *La Dragonne* (frag. 1902-1907), III, 4, Paris, Gallimard, 1943 ; ou *Œuvres complètes*, édition d'Henri Bordillon, Paris, Gallimard, coll. « Bibliothèque de la Pléiade », 1988, t. III, p. 511.

neutre, historique. En quoi, nécessairement, il échoue. Transposer ne suffit pas à consoler ; c'est seulement rendre la souffrance plus diffuse (en soi), plus générale (afin qu'elle concerne la tribu).

Notre demeure est à l'image de nos faiblesses et de nos crimes ; brusquement nous nous trouvons près d'une porte, avec la terreur qu'elle cède ; la chambre close ne recèle pas de pauvres petits secrets comme celle de Barbe-Bleue ; elle constitue l'antichambre des Enfers. On est au seuil d'un lieu vide, inane et vain ; mais on imagine que chuchotent là des voix qu'on voudrait mieux distinguer pour mieux entendre ceux qui nous entourent. Les pierres tombales sont à l'image des portes : on va au cimetière pour mettre à l'épreuve le savoir des rêves. Mais il y a des morts qui demeurent sans tombeau : les bourreaux ont effacé les traces matérielles de leur passage ; leurs écrits volent, feuille à feuille effacés. Le brouillard et la nuit les absorbent. La déportation a donné d'autres noms aux Elpénor et aux Palinure, défaits de toute forme humaine et abandonnés sans sépulture. À l'image d'Énée descendant aux enfers, l'écrivain est un voyageur du sous-sol ; mais Énée se contente de pénétrer un espace où ceux qu'il connut ont encore une apparence, même si, voulant les étreindre, il ne se saisit de rien, ses bras traversant une transparence. Au-delà serait le monde du vide où vont les morts quand toute mémoire d'eux a été perdue. N'ayant plus souvenir ni des visages, ni des noms des ancêtres, on ne peut, dans l'idée qu'ils furent, que souffrir leur perte absolue. Le néant n'est pas hors de nous ; il est la part en nous de ceux qui sont sans lieu. Nous sommes néantisés par la disparition sans trace, fumée et cendres, de tout être humain perdant ses qualités. Resteraient-ils seulement un crâne, avec d'autres entassés dans un ossuaire, quelques os dans une boîte noire cadenassée d'argent, un nom sur un mur qu'existerait un lieu de commémoration. En fait, de qui que ce soit que l'on ait à faire le deuil, quel que soit le visage que l'on puisse prêter à l'objet perdu, c'est le manque que l'on déplore. On en vient à moins se souvenir de la personne perdue que de sa perte. Car ce que l'on perd en perdant un être aimé, une mère, un ami très intime, une enfant, ce ne sont pas seulement des semblables, mais le monde entier, qui était rendu présent et saisissable par leur intermédiaire. Celui qui meurt est toujours l'autre de soi ; notre visage d'éternité a son visage de mort. Dans une période où Louis-René des Forêts s'intéressait de façon active au cinéma (il joua dans *Aline* de François Weyergans, avec Pierre

Klossowski), il avait envisagé l'écriture d'un film où tout serait vu par quelqu'un qui n'apparaîtrait pas, et n'agirait que par son inexistence. Tout semble géré, « Dans un Miroir », par ce dont il n'y a aucune raison de soupçonner qu'il soit autre chose qu'un fantôme.

L'édification d'un tombeau a une fonction complémentaire à celle de la commémoration : elle permet d'assigner le mort à demeure. Disparu sans sépulture, Palinure est un éternel revenant : sa mort n'ayant fait l'objet d'aucun constat, son cadavre n'étant situable en aucun lieu, il est un absent partout présent. Si on entoure les cimetières de murs, c'est pour que les morts demeurent entre eux. Deux œuvres de Louis-René des Forêts sont des tombeaux : les *Poèmes de Samuel Wood* évoquent la grâce de sa fille Élisabeth, morte noyée en Corse, à quatorze ans, en 1965. Les laisses des *Mégères de la mer* sont, elles, dédiées à Jean de Frotté, en souvenir d'une amitié partagée dès l'adolescence. Dans *Ostinato*, des lignes précises évoquent celui qui arracha son ami au mutisme ; disparu dans les prisons nazies, il a légué à ses amis survivants le devoir de s'unir en lui : « l'un et l'autre aimant pour lui ce qu'il aimait en chacun et chacun pour lui se faisant entendre de l'autre, comme s'il avait gardé intact à si grande distance son merveilleux pouvoir d'approche et qu'il fût le seul répondant de toutes les paroles qu'ils auraient désormais à se dire[3] ». On pourrait considérer que « Dans un miroir » est un reflet de ce propos : l'absent rend possible la conversation sacrée de l'un à l'autre, de « Léonard » à « Louise ».

Les deuils sont interminables parce qu'ils se ravivent les uns les autres, comme s'il n'y en avait jamais qu'un seul fondamental, celui d'être séparé, et que ceux qui se répètent au cours de la vie avaient pour seul rôle de le rappeler :

> Dis-toi que nous n'en finissons pas de naître
> Mais que les morts, eux, ont fini de mourir[4].

Si nous n'en finissons pas de naître, c'est en nous dépariant sans cesse. Celui qui a disparu sans laisser de trace, Jean de Frotté dont le souvenir est longuement évoqué dans *Ostinato*, avait tenu auprès du narrateur un rôle quasi maternel, lui permettant de se sortir du silence, de donner sens à ses refus et à sa violence, d'abandonner l'univers des cris pour

3 *Ostinato*, Paris, Mercure de France, 1977, p. 110-111.
4 *Poèmes de Samuel Wood*, *op. cit.*, p. 19-20.

celui du langage. L'action de Jean de Frotté ne s'acheva pas avec sa disparition. Dans *Ostinato* il est fait explicitement allusion à son rôle qui, malgré son absence ou à cause d'elle, demeure tutélaire. Il alimente en vérité et cautionne en beauté le dialogue de ceux qui l'ont aimé : « Ce visage prodigieusement lointain, mais toujours visible et vigilant, sans cesse questionné et qui semble à chaque question renvoyer la juste réponse. Étrange va-et-vient qui fait de chacun le porte-parole d'un mort passionnément aimé[5] ». Son absence est la condition de la communion entre deux vivants. Elle alimente l'échange et l'amour. Il a fallu à chacun un grand courage pour ne pas abandonner la pensée à une conception providentielle du monde. Tout s'ordonnait tragiquement pour que la disparition de Jean de Frotté, « Comme s'il ne s'était jamais rendu aussi proche qu'en cette absence d'autant plus violemment récusée qu'elle est irrécusable[6] », fît de lui une image seconde du Christ mystique, transformant son absence en présence permanente, en principe d'union.

La nouvelle « Dans un miroir » réfléchit une situation schématique semblable : pour troubler sa cousine, et lui imposer d'être vraie dans son trouble, un narrateur lui laisse lire le portrait d'elle qu'il a esquissé. Elle y joue le rôle de gardienne du seuil, pour un frère invisible qu'un ami obstiné de lui, et amoureux discret d'elle, s'efforce de joindre. Le visiteur et la cousine partagent la même attention pour celui qui vivrait reclus au fond du corridor. La sœur se satisfait innocemment de la situation ; le visiteur voudrait avoir l'assentiment de son ami. Il attend, quête, et proclame ce qu'il espérait. Cela se serait réalisé en un éclat de rire partagé semblable à celui qui, dans l'enfance, fut un signe de fraternité : « nous célébrions en riant notre victoire commune, qui était comme la face heureuse de nos défaites respectives[7] ». Une telle situation a seulement été désirée et rêvée ; réelle, elle aurait comblé les deux protagonistes comme le fait une grâce. L'enfant, absente, est pareillement tutélaire :

> Elle est là pour veiller sur nous
> Qui ne dormons que pour la voir[8].

5 *Ostinato*, *op. cit.*, p. 113.
6 *Ostinato*, *op. cit.*, p. 111 et 113.
7 « Dans un miroir », *La Chambre des enfants*, Paris, Gallimard, coll. « L'Imaginaire », 1992, p. 167.
8 *Poèmes de Samuel Wood*, *op. cit.*, p. 12.

Son deuil a ravivé celui de l'ami, et refondé son rôle d'intercesseur.

Dans la nouvelle, qu'on s'en souvienne, aucun dialogue n'a lieu directement entre le visiteur, « Léonard », ou la cousine « Louise », et celui dont on parle. Et cependant ils ne communiquent que par son truchement, en se parlant de lui. Rapportées, ces conversations restent hypothétiques. L'ami est discret, jusqu'au mutisme, privé de toute description si bien que son existence est douteuse, tout se passe comme s'il s'agissait d'un fantôme. Après avoir été noyé en contemplant les constellations, Palinure demande à Énée et à la Sibylle de lui tendre la main, de lui assurer une demeure paisible dans le monde des morts.

Tout a été considéré jusqu'ici dans le jeu des reflets d'images « Dans un miroir », et des informations stylisées d'*Ostinato* ; la nouvelle a paru se réduire à un dialogue à deux personnages suggérant la présence d'un absent. Mais ces échanges sont inventés par un narrateur pervers et voyeur, comme inspiré par un dessin de Pierre Klossowski. Quel est l'intérêt de cette réfraction ? Le profit romanesque qui en est tiré n'est certes pas indifférent : une histoire quelconque gagne à ce que celui qui la narre soit en colère, notait Gide dans son *Journal*[9]. Le caractère prêté au narrateur augmente le malaise que provoque le récit : le lecteur se prend à vouloir fureter dans l'appartement. La version du récit que nous lisons nous est donnée pour l'antépénultième des variations du compositeur. Ce qui accroît l'incertitude où est le lecteur de la « réalité » des faits contés : est-ce la relation d'une situation particulière, comme le narrateur le fait croire, ou une pure construction imaginaire ? Ou, ce qui serait plus ambigu encore, une sorte de mixte fantasmagorique. Le second profit de cette réfraction est de permettre à l'écrivain d'évoquer son activité par le biais de son narrateur. Celui-ci agit comme un auteur qui, n'ayant rien d'apparemment personnel, ni d'essentiel – veut-il faire croire – à dire, broderait à coup d'allusions littéraires autour d'une situation somme toute banale. Jeune adolescent présomptueux, le narrateur se mettrait en posture d'écrivain. De façon semblable, Molieri endosse un rôle qui ne lui était pas destiné de toute éternité. Le chanteur, dont il occupe la place, a été éliminé de façon violente, après avoir été pris à partie, selon lui, « par des individus dans la rue et malmené brutalement[10]... ». Au-delà dans le texte apparaissent,

9 « Un homme en colère raconte une histoire ; voilà le sujet d'un livre », *Journal*, année 1893, Paris, Gallimard, coll. « Bibliothèque de la Pléiade », 1970, p. 41.

10 « Les grands moments d'un chanteur », *La Chambre des enfants*, *op. cit.*, p. 17.

vêtus de noir, d'inquiétants hommes de main. Comme le Bavard, Molieri et le narrateur de « Dans un miroir » ressentent le devoir d'assumer une tâche, et s'en lassent comme s'ils avaient l'impression d'être des imposteurs.

Entre 1941 et 1943, Louis-René des Forêts a écrit *Les Mendiants*. Le roman paraît en 1943. Dès l'année suivante, il entreprend d'écrire *Le Bavard*. Interrompu, repris, le livre est publié en 1946. Tout espoir est alors perdu de revoir vivant Jean de Frotté ; Louis-René des Forêts réunit les textes laissés par son ami sous le titre de l'un d'entre eux, *L'Exil*[11]. *L'Exil* s'ouvre par la phrase : « Je ne pars pas du silence, mais du bruit de la mer », et, en s'achevant, laisse entendre « ce qui restera quand j'aurai forgé ma plume et qui n'est pas le silence, mais le bruit de la mer ». Aussi très naturellement, en souvenir de l'adolescence et de la même passion du grand large, le poème *Les Mégères de la mer* est dédié à Jean de Frotté. Ce don a aussi des raisons propitiatoires. Ce qui nous reste de l'œuvre de Jean de Frotté est assuré dans son ton, et dans son projet. Ce n'est pas le cas du *Bavard*, dont la parole est donnée pour artificielle. Le Bavard vit en l'absence de lui-même : « souvent je me regarde dans la glace », dit-il. La phrase initiale du récit exprime moins une tendance au narcissisme, qu'un constat de dépersonnalisation. Il se voit sous la forme d'une image sans substance. Le miroir est semblable au langage : il réduit l'objet à son apparence. Dans son essai sur « La littérature et le droit à la mort », Maurice Blanchot le faisait remarquer : « Le mot me donne l'être, mais il me le donne privé d'être. Il est l'absence de cet être, son néant, ce qui demeure de lui quand il a perdu l'être, c'est à dire le seul fait qu'il n'est pas[12] ». Le personnage du Bavard parle comme s'il était posthume.

Les cinq années qui suivent sont consacrées par Louis-René des Forêts à la rédaction du *Voyage en hiver*. Il détruira la plus grande partie du manuscrit : « Au contentement du cœur se mêle une sourde inquiétude qui a pris peu à peu la forme d'une radicale remise en question, entraînant pour finir un verdict sans appel[13] ». À la décision prise ne succède aucun regret : « Au feu donc tout ce fatras[14] ». Et cependant ce geste est

11 *Fontaine*, n° 55, octobre 1946. L'ensemble des textes posthumes de Jean de Frotté paraîtra en 1953 chez Plon sous le titre *Le Sculpteur de son espérance*, avec un poème liminaire de Patrice de La Tour du Pin.

12 *La Part du feu*, Paris, Gallimard, 1949, p. 325.

13 *Ostinato*, *op. cit.*, p. 123.

14 *Id.*, p. 124.

déterminant. Ce n'est pas un manuscrit qui est détruit, c'est une option de la littérature qui est abandonnée. Par diverses confidences de lecteurs du manuscrit, et par celles, parcimonieuses, de l'auteur, on sait que ce roman aurait appartenu au genre littéraire illustré par « Un malade en forêt ». Ce qui l'a disqualifié aux yeux de son auteur, c'était le détournement qu'il opérait de l'essentiel en cédant à l'aisance, en charmant par une anecdote, alors qu'il importait d'affronter la souffrance : « la fertilité est un leurre et désormais le danger[15] ». L'écriture récréative est abandonnée au profit d'un travail qui s'apparenterait à celui du deuil (tel que l'effectue Mallarmé dans le sonnet en *x*) : « Il marche à présent d'un pas de somnambule sur une terre appauvrie où ne lui parvient que la sèche odeur de sa récolte abandonnée, ce monceau de feuilles froissées auxquelles il a mis froidement le feu[16] ».

Tout s'est passé comme si l'histoire, avec son cortège de deuils collectifs et personnels, avait entraîné la contestation de la littérature, et qu'un écrivain dût faire l'expérience du retrait et s'exprimer d'une voix de revenant. De 1953 à 1957 allaient paraître en revue les nouvelles qui, avec « Dans un miroir », devaient constituer le volume intitulé *La Chambre des enfants*. Le narrateur de ces ouvrages est le tenant-lieu d'un disparu : « Il est donc précisément exact de dire, quand je parle : la mort parle en moi[17] ». Maurice Blanchot s'appuie sur une réflexion de Hegel. Dans la préface à la *Phénoménologie de l'esprit*, Hegel avait écrit : « Or la vie de l'Esprit n'est pas la vie qui s'effarouche devant la mort et se préserve du ravage mais celle qui supporte la mort et se conserve en elle[18] » (cette phrase, Yves Bonnefoy la placera en épigraphe à *Du mouvement et de l'immobilité de Douve*, en 1953). Le narrateur du *Bavard* a fait l'expérience du peu de valeur de la littérature qui, étant sans fin, ne peut mettre fin au deuil mais le perpétue. Cette expérience s'accompagne d'une autre avec *La Chambre des enfants*, celle de la mort et de la nuit :

> Il fallait que celui que j'aime mourût
> Afin que notre amour ne fût plus soumis à la mort [...][19].

15 *Id.*, p. 142.
16 *Id.*, p. 142.
17 Maurice Blanchot, *op. cit.*, p. 236.
18 Traduction d'Alexandre Kojève, *Introduction à la lecture de Hegel*, Paris, Gallimard, 1992, coll. « Tel », p. 540.
19 Paul Claudel, *Cantate à trois voix*, « Cantique des parfums », *Œuvres poétiques*, Paris, Gallimard, coll. La Pléiade, 1957, p. 367.

Claudel transpose religieusement Mallarmé ; ce dont se garde Louis-René des Forêts. En revanche, il semble dans *Ostinato* parler en l'absence de lui-même, d'une façon proche de celle qu'analysait Maurice Blanchot : « Je me nomme, et c'est comme si je prononçais mon chant funèbre : je me sépare de moi-même, je ne suis plus ma présence ni ma réalité, mais une présence objective, impersonnelle, celle de mon nom qui me dépasse et dont l'immobilité pétrifiée fait exactement pour moi l'office d'une pierre tombale pesant sur le vide[20] ».

Les nouvelles de *La Chambre des enfants* sont organisées autour d'un non-savoir ; les narrateurs parlent de ce dont ils ne peuvent avoir aucune assurance. Le Bavard démontrait qu'on peut dire tout et son contraire, avec ironie et par défi ; à la façon d'un entretien contredit, il témoignait de l'absence dans le langage de critère de vérité. Les nouvelles de *La Chambre des enfants* maintiennent l'affrontement et le contradictoire ; leur forme matricielle est la fugue : le sujet serait constitué de ce qui a trait à l'écoute, au guet, à l'attente ; le contre-sujet porte sur l'empêchement, la perturbation, la destruction. À l'amour se mêlant l'épouvante. Au succès la nécessité de l'échec. Au rien, de fabuleuses couleurs.

« UNE FABLE, RIEN QU'UNE FABLE ! »

« Comment fut amené au cours de leur rencontre le propos qui lui donna l'éveil, peu importe, au fond : par quelques mots lâchés par lui, sans aucune intention, au hasard de la conversation [...][21] ». Cette phrase est la première de *The beast in the jungle* ; elle explique l'attention que l'héroïne va porter au héros qui vit dans l'attente que quelque chose de décisif se manifeste dans sa vie quotidienne, comme un fauve jailli de la jungle. Il me semble pouvoir les associer à une œuvre différente, tant, dans la pièce sombre au fond du couloir où il travaillait et se reposait, Louis-René des Forêts m'a parlé de Henry James et de son art d'occulter ce qu'il voulait faire entendre. Le détour est la seule voie de la vérité ; et

20 *Op. cit.*, p. 327.

21 Henry James, « La Bête de la jungle », dans *L'Élève et autres nouvelles*, traduction de Marc Chadourne, Paris, U.G.E., 1963, p. 123.

la fiction la seule façon de la saisir. Je ne sais pas à quelle occasion il redit ce propos ancien jusqu'à me donner l'éveil. Il me sembla parfois que, sans qu'il eût à me fournir d'autres indices, il espérait que je saisisse le sens de son travail, et qu'il fût conforme au désir qui avait orienté sa vie.

Ce qui a été énoncé, comme dans un constat analytique, est tout autant une fantaisie que ce qui suit. Maintenant je n'ai pas moyen de poursuivre autrement qu'en élaborant un conte, tout en sachant que nul, et certainement pas moi qui m'interroge, ne pourra divulguer « le mot de l'énigme », non le secret d'un être, qui n'en eut pas plus que d'autres, ni d'une autre nature, mais une phrase apte à rendre intelligible ce qui ne peut pas s'énoncer, et mettrait fin au discours. Car cette phrase, elle est l'œuvre entier se saisissant de la vie.

Sa chambre-bureau, dans les années dernières, était une sorte de sarcophage : il s'y émaciait, la douleur lui rendant tout mouvement difficile, entre les livres pressés en tas, et les dessins des années les plus noires, dans une pénombre propice aux apparitions, aux appréhensions : « Qui appelle ? Personne. Qui appelle encore ? sa propre voix qu'il ne reconnaît pas et confond avec celle qui s'est tue[22] ». Bien qu'il parût isolé à contre-jour derrière sa table, il était infiniment présent, comme défait de tout avenir et seulement soucieux d'autrui. Les propos que nous tenions contribuaient peut-être à nous protéger du tintouin ordinaire ; quand nous allions encore déjeuner au restaurant, il n'en était pas de même ; nous nous laissions plus volontiers aller à l'ironie ou à la colère devant la futilité des gens sérieux. Le rappel du *Dictionnaire des idées reçues* et la lecture de Jarry nous réconfortaient. Au contraire des hommes que l'âge incline à la nostalgie, il ne revenait pas sur son passé, mais souvent sur l'œuvre de ses amis, Queneau, Bataille, Blanchot, Klossowski, Leiris. Il rendait significatifs, par sa façon de les choisir et de les conter, de petits faits vrais de la vie ; mais il n'estimait pas que sa vie en comportât de tels. Il était au clair avec ses raisons de détester, mais il préférait aimer. Nulle fatuité en lui, mais une douloureuse incertitude. Corrigeant obstinément, il était tenté tout au long de leur rédaction par la destruction des feuillets de *Pas à pas jusqu'au dernier*. Il ne faisait que se répéter, estimait-il, jusqu'au ressassement. Rien ne fut entre nous de l'ordre de la confidence au sens ordinaire de ce mot ; et cependant tout ce qu'il disait donnait

22 *Ostinato*, *op. cit.*, p. 153.

l'éveil. Il était à la fois John Marcher, qui attend, et May Bartram, dont la seule présence si elle n'était pas négligée constituerait la révélation attendue. Mais lui savait que tout avait déjà eu lieu, et veillait à faire de son être l'équivalent d'une scène vide, afin de plus purement recueillir les murmures :

> Samuel, Samuel, est-ce bien ta voix que j'entends
> Venir comme des profondeurs d'un tombeau
> Renforcer la mienne aux prises avec les phrases
> Ou faire écho à sa grande indigence[23] ?

Avec l'âge les souvenirs se font plus déliés à force de se manifester ; nous nous montrons rétifs à les rechercher, sentant qu'ils nous mangent le temps et nous dévorent la vie. Pour être capables de les accueillir, il faut faire table rase en soi de tout ce qui ne concerne pas leurs seuls et si ténus mouvements qu'ils paraissent de plus en plus délébiles.

« Une fable, rien qu'une fable ! » aurait dit « Louise » à « Léonard » pour déprécier son témoignage[24]. La fable est un récit, ce sont aussi des entretiens. La critique relève de la fable même quand elle ne se déclare pas telle. Et comme le narrateur est déçu que sa cousine ait lu un état non seulement inachevé mais inaccompli de son récit, il serait possible de construire sur son modèle une fiction nouvelle :

Assis à l'orientale au bord d'un fleuve, un enfant semble atterré. Solitaire et silencieux, il tremble encore de froid, serrant sur lui une besace trempée. En abordant la rive, il s'est déchiré les jambes aux épines, écorché les genoux sur les cailloux. Il s'est épuisé à chercher celui qui l'accompagnait dans sa traversée, et dont il a été séparé, quand leur vieille barque a chaviré. Il a appelé, et défroissé les roseaux. Maintenant il veille, tout autant qu'il guette. « D'après vous, à présent, que peut-il m'arriver de pire ? », demande-t-il à celle qui est venue espérer près de lui. À tout jamais son regard dans le bonheur même, sera empreint de tristesse. Il vient de passer d'une rive à l'autre, et il s'imagine qu'elle est dans le secret de cette aventure imprévue. Mais son assurance et sa certitude tiennent seulement à ce qu'elle est de ce monde, quand il est d'ailleurs. Elle restera près de lui, attirant son attention sur les couleurs les plus vives des herbes et des arbres. Bientôt il ne sera plus personne,

---

23 *Poèmes de Samuel Wood*, *op. cit.*, p. 40.

24 « Dans un miroir », *La Chambre des enfants*, *op. cit.*, p. 170.

que le lieu où se font encore entendre les voix chères qui se sont tues, comme celle de son guide de jadis, « Lui qui le jour a perdu son visage et sa voix revient la nuit, en tout point reconnaissable, mais agité, anxieux comme si, avant de prendre congé, il avait oublié la question essentielle que son statut lui interdirait de poser en une langue désapprise ou hors d'usage chez les morts[25] ».

Au sol, une besace de toile écrue, encore froissée, les brides du rabat défaites : ce qu'elle contenait de manuscrits a été transcrit, et la volonté manifestée accomplie.

AUTRE FICTION

On peut tenir la pièce située au fond du couloir dans l'appartement de « Louise » pour une allégorie. Le narrateur ne dit pas que cette pièce soit inhabitée (il dit y entendre le frère et la sœur « se consulter à voix basse[26] ») ; mais il fait de son habitant un prétexte à paroles. Que vise le narrateur en s'obstinant à mettre au point les rédactions successives de sa fable ? Ouvertement, à élaborer pour sa cousine un portrait d'elle, si sarcastique que non seulement elle le conteste, mais qu'elle le lui retourne, au point que le narrateur doive s'interroger sur la vérité de son intention et l'exactitude de ses propos : « Est-il vrai que je les ai fait servir inconsciemment à exprimer un tourment personnel, comme si je ne pouvais trouver ma vérité que dans la sienne[27] ? ». En décrivant autrui, en l'occurrence sa cousine et son ami, il s'interroge sur son identité. Et, avec une lucidité qui le ferait se confondre avec le narrateur des autres nouvelles, il prête au personnage de « Louise », les questions qui font le sujet de tous les dialogues de l'ouvrage. Il aimerait rendre claire la cause de son tourment : « Est-ce la soif jamais assouvie d'accéder à une intimité qui ne se réserve rien et se donne totalement ? Une impuissance douloureuse à s'ouvrir à celle d'autrui ? Une sombre nostalgie des complicités de l'enfance ? Trois formes sans doute d'un

25 *Ostinato*, *op. cit.*, p. 111.
26 « Dans un miroir », *La Chambre des enfants*, *op. cit.*, p. 135.
27 *Id.*, p. 190.

même mal qu'incarne respectivement chacun de tes personnages[28]… ». Le narrateur opère ici un dévoilement de son projet, non seulement de l'enjeu de son récit, mais de tout le livre. Il s'agit d'évoquer, faute de retrouver, un temps où étaient possible une communauté d'esprit et une communion de consciences. Aussi est-il question dans les voix diverses de la voix d'un seul, et dans la voix d'un seul d'une multiplicité de voix. Le narrateur est voué à la répétition, faute de pouvoir jamais atteindre un état de plénitude heureuse : « Se pourrait-il que je n'aie eu d'autre chance de me faire entendre qu'en donnant à ce récit la forme d'une reconstitution minutieuse où ma hantise de la solitude fût exprimée par d'autres voix que la mienne[29] ? ».

Ainsi, la chambre étrangement habitée par un fantôme, ou un désir, au fond du couloir, paraît évocatoire d'une pensée d'homme. Comme « La chambre des enfants », elle bruit de voix qu'il faut recueillir. En vue de connaître une vie pacifiée, perdue avec les deuils qui ont ravivé la douleur première. Qu'attend le héros, John Marcher, de la survenue de *La Bête dans la jungle*, sinon le bonheur, que May Bertram lui accorderait volontiers, sans qu'il l'entende ? La chambre au fond du couloir, si elle était habitée, devrait être un lieu de communion. Le narrateur fait raconter par « Léonard » à « Louise » une rencontre heureuse avec son frère ; une réconciliation aurait succédé au rejet, le rire partagé à la violence vindicative. Du coup il prête à son personnage « Léonard » des questions semblables à celles qui pourraient figurer dans *La Bête dans la jungle* : « Était-ce donc si extraordinaire que cela ? » demande « Louise » ; à quoi répond :

> « Léonard » – C'était en tout cas la chose que j'attendais.
> « Louise » – Celle qui, selon vous, devait arriver ?
> « Léonard » – La chose que nous attendions ensemble[30].

Qu'est-ce qui, selon le narrateur, est si avidement attendu par « Léonard », et donc par le narrateur ? C'est la révélation de sa complète identité. Se poser la question « qui suis-je ? », c'est se demander tout d'abord « Qui me hante ? ». Ce sont des voix, certaines issues de « La chambre des enfants », d'autres des livres lus et entendus. Mais ce concert est

28 *Id.*, p. 188.
29 *Id.*, p. 190.
30 *Id.*, p. 167-168.

marqué par d'irrémédiables lacunes ; si bien que s'interroger sur qui on est implique de penser ce qui a été perdu. Or ce qui a été perdu, un jour, c'est tout. Le décès des parents, de l'ami, de l'enfant scande le deuil fondamental. La pièce sombre au fond du couloir marque, allégoriquement, ce tout-perdu.

Faisant allusion à la nouvelle « Dans un miroir », Jean Grosjean prête au narrateur ce monologue : « Puisque je ne suis que ce que vous croyez que je suis, dit la voix anonyme, vous n'aurez pas fini de sitôt avec moi[31] ». Je ne suis pas seulement celui dont parle autrui, je suis également celui qui conteste ce que l'on dit de lui ; je ne puis qu'emprunter des rôles et des voix, des citations et des intonations, car ce que je pourrais tenir pour ma vérité définitivement me manque. Les œuvres s'organisent en Confessions à la façon même de celles de saint Augustin ; elles ne témoignent pas de faits, mais de quelque chose d'étranger à la personne et de radicalement hétérogène au monde, Dieu pour Augustin, le néant pour Louis-René des Forêts. Rien dans notre univers ne peut être perçu autrement qu'avec la conscience qu'une voix manque. Le narrateur taxe son propre récit « de fiction de caractère allégorique[32] ». Le bonheur perdu, le langage est devenu contradictoire. L'usage de la réfraction dans la construction des nouvelles n'est pas un procédé artistique. Conçue comme un assemblage de voix et d'images désaccordées, la réalité est défectueuse. La chambre vide est l'indice de ce qui nous manque pour nous retrouver comme de petits enfants. Il faut se concilier celui qui n'est plus. À la question « qui suis-je ? », ne pourrait être faite qu'une réponse : « je suis ce qui me manque pour être ».

Autre fiction, résumée :

> Écoutez-le qui grignote à petit bruit, admirez sa patience
> Il cherche, cherche à tâtons, mais cherche[33].

Il est assis à son bureau et griffonne dans les marges d'une page encore blanche. Il crayonne des coquillages, sous la forme de buccins, de grandes nasses, de natices. Il met tous ses soins à porter au plus loin la ligne spirale d'une turritelle. « Tourner en rond est le chemin le plus

---

31 « Les deux versants », dans : *L'œil de bœuf*, n° 12 (numéro consacré à Louis-René des Forêts), 1997, p. 19.

32 *Ostinato*, *op. cit.*, p. 144.

33 *Poèmes de Samuel Wood*, *op. cit.*, p. 7.

droit ». Il se repose la main en esquissant une troque. Il aimerait être un dessinateur d'un talent suffisant pour pouvoir porter à l'oreille un des murex ou une des conques dont il vient de retracer le mouvement. Il entendrait la mer comme le bruit d'une présence sourde, qu'on subit sans plus en prendre la mesure qu'on ne le fait de l'ombre ou du silence. Son intention se métamorphose à mesure qu'il la poursuit ; il conçoit plus précisément les détours nécessaires à une voix droite. Il sait qu'il ne peut reconnaître la présence d'autrui, s'avérer capable de lui répondre et de répondre de lui, que s'il sort de la détresse, du manque d'air, comme on naîtrait d'un escarbot. Son travail consiste à s'approcher lentement, affectueusement de ce que le moindre geste brusque réduirait à rien, jusqu'à percevoir dans la mer ses courants discrets, voir la nuit se doubler de lumière, entendre dans le silence un délicat bruissement. Alors les revenants, les spectres, et les fantômes trouvant le repos, laisseront un répit à celui dont la pensée résonne de toutes les inquiétudes, des rêves sans fin recomposés. Il lui faut rendre fraternellement ce à quoi la réclusion dans la mort, dans l'ombre, dans une chambre prête un masque d'adversaire ; on pourra s'imaginer partager avec lui le rire, comme d'autres le pain et le vin, et ce sera comme une résurrection : « On aurait dit que quelque lumière jusque-là cachée avait traversé le champ de sa conscience pour la tirer enfin d'un long sommeil[34] ». C'est la condition pour pouvoir faire allégeance à autrui, écouter avec lui le chant de la mer.

Il griffonne à petit bruit de pic sur le papier graniteux. « Il cherche, cherche à tâtons, mais cherche ».

À une fiction biographique a succédé une autre qui emprunte plus à la littérature. N'empêche qu'il faudrait établir une troisième version, ce soir, sotériologique de préférence, ou, à tout le moins, spirituelle. Car il faudra bien s'imaginer, puisqu'on ne pourra jamais le savoir, ce que ces yeux ont vu au travers de ce qu'ils ont fixé.

34 « Dans un miroir », *op. cit.*, p. 166.

« UN RIRE EN VÉRITÉ SI FRAGILE… »

> Nous arriverons, comme Ulysse, au bord de cette fosse où les âmes de nos ancêtres reviennent boire du sang – pour revivre !…
> Alfred JARRY, *La Dragonne*, III, 4.

Qu'on le croisât dans la rue ou qu'on s'approchât de lui, ce qui frappait dans la personne de Louis-René des Forêts, c'était l'acuité de son regard. Je ne parlerai pas de son silence, tant il aimait les anecdotes, sans pour autant jamais rien perdre de sa réserve, même quand il était en confiance. Il s'exprimait lentement, cherchant, contrairement au bavard selon Kleist, à ne rien énoncer qu'il n'ait au préalable pensé. Il évitait toute précipitation, se souciant plus de comprendre que de répliquer. Durant le dialogue, son regard ne déviait pas plus de l'interlocuteur qu'il ne se détourne de l'objectif, sur les photographies qu'on garde de lui. Se laissait-il même aller à ciller ?

Avare de geste, il avait tué la marionnette en lui, ce qui l'apparentait à M. Teste. Le temps et la souffrance avaient creusé son visage, lui donnant un aspect de pierre rugueuse. Il était dandy dans la discrétion et l'effacement ; son élégance était sans rapport avec celle qu'imposent les modes. Par coquetterie, il remettait régulièrement ses cheveux en désordre, et de la main les gonflait avec soin. De sa façon de parler et de se conduire – je ne l'ai connu que déhanché et s'aidant d'une canne – émanait le sentiment d'une contradiction dépassée : son temps épargné, il en usait libéralement avec autrui ; il ne répugnait pas à s'abandonner à une brève et imprévisible effusion – était-ce par lassitude ? – tout en se montrant d'ordinaire réservé ; la douleur ne l'empêchait pas de se déplacer, par goût de l'opéra, ou par curiosité d'un lieu de vie. Quand il recevait un invité, il poussait la politesse jusqu'à feindre l'aisance dans la mobilité, se déplaçant pas à pas, de l'antichambre au bureau. On traversait un salon, en jetant un regard oblique sur la grande glace de la pièce et sur la *Tentation de saint Antoine* par Callot. La parole du visiteur l'aidait peut-être à survivre : « tant que je lui parle, il trouve dans mes paroles, fussent-elles des plus futiles et surtout peut-être quand elles ne sont que cela, une sorte d'apaisement qui lui permet de se prêter au simulacre sans compromettre sa sécurité[1] », pouvait se dire le visiteur. L'espace de la conversation était aussi complexe que celui qui est perçu « Dans un miroir ». Certains se sont plus à assimiler cette disposition à celle d'un piège, mais un écrivain ne peut « se délivrer du mensonge qu'en exploitant les ressources multiples du mensonge[2] ». Il avait sans doute tous les défauts possibles. Je ne l'ai pas connu coléreux, mais tenace, ni avare, ni envieux ; il se disait paresseux sans l'être. Il aimait les fresques de Delacroix, qu'il considérait en voisin. L'une d'elles représentent Héliodore chassé du temple. Son crime lui paraissait impardonnable : il avait profané le sacré et trafiqué des choses saintes. L'amitié était l'une d'elles. Il savait blâmer ce que parfois, plus par dépit que par complaisance, il avait écrit. La responsabilité de ses erreurs, il ne la reportait sur personne. Il faut se sentir faible pour chercher à se disculper :

> Mais pas de mémorial pour qui désavoue son parcours[3] !

Les grandes œuvres rendent vains les résumés, elles ressemblent à des apologues et sont sans fin, comme s'il y avait en elle un indiscernable trou noir qui les absorbe à mesure qu'elles se développent. Il goûtait les récits ou les anecdotes qui mettent l'esprit face à son néant, dans le miroir de la réflexion. Il n'aurait pas aimé qu'on en déduisît, de sa part, de la sagesse : il s'estimait trop passionné et trop épris de bonheur. À la façon de Vaché, il éprouvait l'inutilité théâtrale de tout, mais il ne l'aurait pas dite « sans joie ».

Le regard que je porte ainsi, à travers le temps, vers l'ombre qui se tenait au plus profond de l'appartement, volontiers à contre-jour, tapant

1 *La Chambre des enfants*, p. 161.
2 *Voies et détours de la fiction*, Montpellier, Fata Morgana, 1985, p. 36 : « Quelque chose le guettait dans les tours et les détours des mois et des années, comme une bête embusquée dans la jungle » (*La Bête dans la jungle*, traduction de Jean Pavant, Paris, GF, 2004, p. 150-151).
3 *Les Mégères de la mer*, p. 26.

et grattant une pipe qu'il ne cessait de rallumer, réservant sur sa table un espace très limité, entre brins de tabac et crayons, lettres et livres, pour un cahier ouvert sur des lignes resserrées – il disait volontiers ne rien faire, mais avançait « Pas à pas » – ce regard est juste capable de construire une silhouette, de déceler quelques lignes plus sombres sur un transparent. À se demander s'il fut jamais là, où je le situe : et si je n'invente pas une figure à partir du claquement d'une porte au fond d'un couloir.

LE MIROIR AUX FANTÔMES

À l'entretien qu'il eut pour *Tel quel*, Louis-René des Forêts a donné pour titre *Voies et détours de la fiction.* Il met ainsi l'accent sur la notion de stratagème dans l'organisation du récit ; la fiction est un détour pour prendre dans ses lacis ce dont on ne peut se saisir par la réflexion, ni celle que présente la pensée, ni celle que propose le miroir ; l'emploi du mot « voies » suggère l'idée d'un projet, donc d'un but qui, serait-il concevable, demeurerait informulable parce que dérobé sitôt approché. Du coup la démarche des narrateurs est ambiguë : elle charme et en même temps elle détourne du droit chemin ; elle dévoie et tend vers un but essentiel et obscur. Leur usage de la voix oblique n'est en rien motivé par la nécessité de tenir à distance une expérience qui provoquerait une censure, qu'on s'efforcerait de traiter par la périphrase. Dans la fiction, les voies et les détours sont multiples, parce que l'homme est un être de désir qui vit dans l'ignorance de l'objet réel de son pouvoir, si bien que la conscience qu'il en a est celle d'un simple manque. Nous sommes essentiellement des *Mendiants* ; le pouvoir est le but de l'un, l'amour celui d'un second ; « Et cet autre recherchait ce qu'un homme ne doit point trouver », selon la chanson westphalienne apocryphe qui ouvre le roman.

La parole est constituée d'une série d'artifice, en vue de rendre les mots, illusoirement substantiels, réellement efficaces. Il faut donc se résoudre au fragment ; du tout, nous resterons mendiants. Le fragment est le signe de notre isolement ; la beauté de la terre n'est plus perceptible que dans les détails. Il faut les associer pour ressaisir mentalement « tout ensemble », ce qui a constitué le bonheur. Les subterfuges de la fiction n'ont d'autre but : faire entendre l'un dans l'autre, « je » en « il », rendre équivoque l'idée que nous nous faisons du rêve et du réel, retrouver le temps cyclique de l'éternité infantile, pour aller pas à pas « sinon au-delà du possible – ce qu'on appelle péjorativement démesure, incohérence, aberration de l'esprit[4] », du moins jusqu'à la limite des forces.

En ayant perdu la perception globale du monde, on a perdu le sens de l'unité de soi. On est également gamin, comédien et contrebandier au gré des mots, quand on est « mendiant ». En vérité on ne joue pas le rôle que l'on récite ; dans le langage que l'on tient manque ce qui en ferait un bonheur. On peut s'estimer « faux-monnayeur » ; mais y a-t-il une monnaie qui ne soit conventionnelle, des mots qui ne soient des faux-semblants ? Le lecteur, qui lit un roman avec l'espoir de connaître un dénouement rassurant est leurré ; mais non celui qui s'interroge sur la propension humaine à l'erreur. Le livre n'est pas un miroir du monde pittoresque, ni des travers humains, mais de soi, en tant que sans cesse on manque à soi. Si un narrateur est appelé à jouer toutes les voix, comme dans *Les Mendiants* ou *La Chambre des enfants*, c'est que chacun est privé de la possession de la sienne propre. L'être humain est mendiant d'un objet que sa condition ne l'empêche pas seulement d'atteindre mais de clairement concevoir.

Ces récits, au long des détours qui les constituent, font place à un espace vacant. Un abîme. Pas même un crâne (rien de morbide dans l'œuvre), mais une forme en creux de soi. La littérature, celle du Bavard, ne se réfère à rien qui ne soit déjà la littérature, et cependant, par ce qui pourrait passer pour un paradoxe, elle tend à rendre sensible ce qui est hors de la littérature, la « réalité » ou la « vérité » de l'homme, soi quand on a le sentiment de manquer à soi. *Le Bavard* reprend à Kleist une phrase des *Anecdotes et petits écrits* à propos « Des idées provoquées par des mots ». Kleist constate que l'on parle sans penser mais ne s'arrête pas à cela. Il remarque qu'une pensée s'élabore à travers une parole, que la parole vide (vaine dit Blanchot) est un espace où une sentence cherche à trouver progressivement sa forme. La citation (de Constant, Breton, Hemingway, Faulkner) joue, dans *Le Bavard*, un rôle inverse de celui qu'elle tient habituellement dans la littérature. Selon l'usage convenu, elle renforce

4 *Pas à pas jusqu'au dernier*, p. 74.

le texte ; dans le cas présent, elle le troue. La citation marque un lieu de fracture. Elle suggère, par détour, ce dont le texte est lacunaire. Mais fait en même temps entendre une voix nouvelle et inconnue en celle que le lecteur tient pour responsable. Révéler une carence, le fait que ce que l'on croit être homogène est discontinu, c'est faire la preuve qu'on ne se saisit de rien. Dénoncer des emprunts a l'avantage de retourner le récit, de faire voir le tissage quand nous nous plaisons au dessin. Comme, selon Kleist, la phrase est l'espace où la pensée se prépare, le roman est le lieu où se cherche la formule. Le mensonge (celui qu'illustre la fiction) n'a pas pour objet de tromper ; il n'a de profit qu'à être reconnu pour tel. Pour peu que le lecteur s'aperçoive qu'une troisième personne, neutre, dissimule en fait une première personne, partiale et passionnée, qu'un témoin parle par la voix d'un autre, à son tour, il s'éprouve décentré et manipulé. Ce qui du coup reste énigmatique et hypothétique, c'est l'existence même de celui qui, sans visage et son corps, est réduit à être une voix fabulatrice. La rhétorique ancienne, après le scribe, qui recopie, comme Bartleby le fait, le compilateur, qui associe les citations les unes aux autres, le commentateur, qui mêle son grain de sel, achevait l'inventaire des responsables du texte en supposant l'existence d'un auteur. Il a disparu de la littérature contemporaine. « Évertuez-vous à réclamer sur l'air des lampions "L'auteur ! l'auteur !" je parie qu'il ne montrera pas le bout de son nez[5] ». Nous sommes réduits à vivre dans un théâtre semblable à celui où Séraphin ne présentait pas même des acteurs, ni même leurs images sous la forme de marionnettes, mais leurs seules ombres se mouvant.

La phrase initiale du *Bavard* : « Je me regarde souvent dans la glace », rappelle notre obstination à nous mettre en scène ; elle joue également le rôle d'une clé : la fiction ainsi conçue est réfléchie ; enfin, et principalement, ce que le miroir nous propose de voir, c'est bien soi certes, mais en l'absence de soi. L'image présente la personne en la privant d'être ; elle ne fait que l'évoquer, car on ne reconnaît pas celui qu'on s'imagine être en celui que l'on croit percevoir. Le miroir symbolise l'acte même d'écriture ; au terme de ces poèmes, Samuel Wood est réduit à

> Une ombre peut-être, rien qu'une ombre inventée
> Et nommée pour les besoins de la cause
> Tout lien rompu avec sa propre figure[6].

---

5 *Le Bavard*, p. 153.

6 *Poèmes de Samuel Wood*, p. 44.

Le Bavard s'ouvre sur une observation banale et narcissique ; ayant opéré une mise en doute de la parole et du parleur, le récit s'achève par une fausse question, « Suis-je un homme, une ombre, ou rien, absolument rien[7] ? », qui annonce le constat de Samuel Wood. Samuel Wood n'est que passagèrement l'ombre de l'auteur, il est essentiellement l'indication de sa retraite, et le lieu même de sa disparition, quelque chose comme un sarcophage. Il fait la preuve de l'effacement de l'auteur responsable, comme le monde celle de l'absence de Dieu, rétracté en lui pour laisser place à la création. On se sait habité, comme une maison peut l'être, avec au fond du couloir une pièce sombre et sonore.

La parole qu'on émet n'est pas le produit volontaire de soi ; elle n'est pas non plus la voix indéniable de Dieu, et cependant « un bavard ne parle jamais dans le vide[8] ». Il parle par dénégation : il fabule pour approcher sa vérité sans avoir à faire d'elle l'image sublimée de soi. La littérature, en tant qu'elle est une anamorphose, est mendiante de son sens impossible. On parle pour épuiser la parole, en imaginant qu'en elle se trame quelque chose d'essentiel ; si le silence de Dieu fut la condition pour que l'homme parle, tout ayant été proféré, tout retrouverait la quiétude.

UN UNIVERS SPECTRAL

Les derniers livres de Louis-René des Forêts furent longuement médités, lentement écrits, interminablement corrigés. Mais il parlait de récits antérieurs, *La Chambre des enfants*, *Le Malheur au Lido*, comme s'ils lui avaient été donnés, tant il vécut avec bonheur un temps d'improvisation. Mais l'improbable n'est pas immotivé. Le scribe simplement sait que l'écriture le mène où il ne peut aller les yeux ouverts. S'absenter du récit, ou feindre d'en être étranger, comme si on pouvait être irresponsable de quoi que l'on dise, est un artifice, semblable à celui qui consiste à alléguer pour sa vérité la découverte fortuite d'un texte dans quelque malle de grenier. La volonté d'un auteur rendrait en quelque sorte suspect un récit. En effet, ni décrire un monde connu ni élaborer un

7 *Le Bavard*, p. 152.
8 *Id.*, p. 148.

portrait, comme dans les romans bien agencés, n'est envisagé au cours de l'œuvre ; il s'agit de cerner une chose sans forme, de se saisir d'une transparence, d'une figure énigmatique qui peut être revenante, spectrale ou fantomatique. Il faut rendre présent ce qui est sans présence.

« Un malade en forêt » sera écarté des rééditions de *La Chambre des enfants* pour des raisons esthétiques : faisant la part belle à l'illusion réaliste, le récit paraissait d'une tonalité différente de ceux qui l'accompagnaient. En effet, il relatait des faits, tandis que les autres nouvelles ne suggèrent leur sujet qu'en creux. *La Chambre des enfants* est un des rares livres où toutes les scènes sont fantasmées, où un fait tient lieu d'un autre dans une inachevable chaîne de substitution. Habituellement l'imaginaire, tenu pour significatif mais incertain, tel le rêve, s'insère dans une narration stable et rassurante. Le seul élément qui pourrait avoir le privilège d'être indiscutable dans *La Chambre des enfants*, c'est l'acte de parole. Mais il est donné pour ce qu'il est, résiliable et problématique. Même si une intention arrêtée anticipait l'acte d'écrire, la seule impression que donne l'œuvre, une fois qu'elle a été réalisée et délaissée, est celle d'un insuccès et donc de la nécessité de « suspendre ». Comme si le but n'était qu'une façon de désigner ce qui reste hors d'atteinte. Le véritable objectif du travail littéraire est sans image ni mot ; il est vraiment un fantasme. L'enchâssement du récit dans un cadre a été un autre des procédés du vraisemblable. Balzac en use fréquemment dans ses nouvelles philosophiques ; sur le modèle du roman baroque fait de récits imbriqués, les convives d'un repas racontent chacun une histoire ; peu à peu un personnage, témoin de l'une, se révèle être le héros d'une autre ; l'inconnu d'une rencontre s'avère être une des convives. Si subtiles que soient les relations et les arabesques possibles, la parole narrative reste crédible, seuls les propos des personnages sont hypothétiques. Dans les récits de Louis-René des Forêts le texte de référence est pris en charge par l'un puis par l'autre, au point de n'être plus situable ; recueillant un moment cette parole, le narrateur se sent « emporté par cette voie qui venait inaltérée d'un autre monde[9] ». Ce qui était tenu pour réel et vérifiable était un souffle. Le réalisme en littérature tend à la séduction : les larmes que provoque le mélodrame ou l'opéra sont la preuve que le compositeur et le spectateur ont trouvé leur lieu commun. Or il faut renoncer au rêve d'une entente acquise par la médiation du langage tout

9 *La Chambre des enfants*, p. 31.

autant qu'à l'utopie d'un accord tacite. Le récit a pour objet de rendre manifestes les mécanismes du leurre, et vise à constituer un piège à fantômes, à la façon des miroirs.

« Léonard » rend visite à « Louise » avec l'espoir d'avoir un entretien avec son frère. En fait cette histoire, que le lecteur a cru incontestable, est inventée par un cousin adolescent ; il laisse « Louise » se donner le plaisir indiscret d'en découvrir le récit. C'est qu'il ne l'a rédigé que pour surprendre « Louise » et la faire se voir dans ce miroir. En la provoquant, il espère l'amener à révéler ce qu'elle cache et qui bruit dans la chambre du fond. Car elle est liée à son frère par une entente presque effrayante. Le récit ne vise pas à être vraisemblable, mais à provoquer la manifestation de ce qui, sans être caché, est non-dit.

Deux principes sont mis à l'épreuve dans l'œuvre : l'un est formel, l'autre thématique. Le récit progresse par sa propre mise en cause, usant de la dénégation dans *Le Bavard*, de la variation et de l'inversion dans « Les grands moments d'un chanteur », des changements de plan dans « La chambre des enfants », comme les proposent la *metanoia* et la dialectique hégélienne. L'œuvre littéraire ne transcrit rien, elle atteste seulement un bruissement dans une chambre noire. Une seule vie ne saurait capter tous ces bruits.

Celui qui parle usurpe la place de celui qui se tait. Telle serait la seconde marque distinctive de l'œuvre : le monde mental a la forme permanente d'une demeure ; dans le couloir erre un scribe multiple ; des chambres émanent des voix, mais la porte. Dans un poème dont le titre sonne comme *Ostinato*, « Obsession », Baudelaire parle d'une « chambre d'éternel deuil ». Dans cette chambre il n'y a rien. L'acte littéraire ne consiste pas à révéler un secret, mais à maintenir en l'esprit la notion d'arrière-fonds, celle d'un lieu d'engloutissement et de manque. Il établit en Mendiant définitif quiconque pense, parle, écrit.

Une situation infantile souvent évoquée, celle d'un taciturne harcelé par ses condisciples, aidé par un être fraternel (« Ici, dans cette chambre obscure, chaque fois que l'ami longtemps repoussé, encore redouté, mais déjà bien-aimé revenait le presser de questions[10] »), acquiert une valeur générale : « la chambre obscure » est le lieu emblématique de tous les mystères, du dénouement de soi, du don d'autrui, de la mort. La littérature poursuit sans fin ce qui est à la fois dans le monde, et retrait de lui. Et

10 *Ostinato*, p. 107.

la parole de chacun ne se poursuit que dans celle d'autrui. Dans celle des ancêtres et des amis. Restent le souvenir de leurs voix et le devoir de veiller dans leur silence. C'est qu'il est tutélaire : l'amour d'un ami mort secourt deux êtres qui sans lui serait disjoints, « comme si mourir, et mourir très seul dans un endroit ignoré, n'était pas les quitter, mais veiller sur eux qui, ne vivant que par lui, vivront dès lors côte à côte dans le rayonnement de sa grâce[11] ». Le souvenir est transformé en morale : cesser de s'inquiéter des murmures qui émanent de la chambre, close et trouble comme la mémoire, serait perdre le sens du miracle de vivre.

Il aurait suffi au narrateur de « Dans un miroir » d'épier sa cousine pour étayer le portrait qu'il envisage de faire d'elle, si son propos n'était différent et plus grave. De « Louise » et de « Léonard », il n'y a aucun modèle nécessaire. En revanche il y a, en tout esprit, une chambre vide, lieu du manque de sens. C'est la cause et le lieu d'être des récits littéraires. Ce qui est vrai en ces récits, ce ne sont pas leurs détails mais leurs fissures. C'est de ce lieu, néant et musical, que provient l'interminable questionnement qui occupe notre existence. Un narrateur ne ressuscite par un mort, à peine dans son souffle maintient-il son souvenir ; il n'est pas son représentant, mais son porte silence. Nous voisinons en absence. Ce qui se voit quand on se regarde « dans l'oubli fermé par le cadre[12] », n'est pas soi, mais l'absence de l'être et le fil à grains de ce qui nous hante. Ce qu'on espère voir, au-delà de soi, réside dans une zone d'oubli, le long d'un lac dur que bordent les asphodèles.

L'aventure de Molieri est tenue pour « une mystérieuse odyssée intérieure[13] ». Elle rappelle la situation d'Ulysse, déjà évoquée par l'Étranger dans *Les Mendiants* : « je compris soudain que c'était moi-même qui m'interrogeais[14] ». Le narrateur est à la fois celui qui questionne, celui qu'il cherche et le lieu de l'enquête. On est l'inquisiteur, l'accusé et l'espace d'investigation. C'est en soi seul que l'on peut trouver ce que l'on redoute de savoir mais dont on subit la fascination. Ce travail ne peut être évoqué que par subterfuge : tout est métaphore en lui. La littérature est le rappel du réel, vu « Dans un miroir ». Ce que le narrateur tend à retrouver, ce n'est pas son histoire (*Ostinato* n'est pas un livre de mémoires), ni son visage (l'autoportrait est sarcastique), mais l'Autre

11 *Id.*, p. 110.
12 Mallarmé, *Poésies*, « Ses purs ongles très haut ».
13 *La Chambre des enfants*, p. 45.
14 *Les Mendiants*, p. 53.

de lui-même. Il y a en soi des trous noirs. On ne se libère jamais de la perte d'un ami, d'une enfant, car ils sont le signe de la perte de tout. La plénitude ne s'éprouve plus qu'en de furtifs moments ; couché sous un pin, le Bavard se sent « envahi par une paix profonde[15] » ; le délire verbal lui donne une jouissance qui le conduit hors du temps. À la façon de Roussel cherchant à retrouver par le moyen de l'écriture le sentiment de gloire qui l'avait envahi en écrivant son premier livre, *La Doublure*, en 1897, le narrateur d'« Une mémoire démentielle » vise à provoquer un état dont il a gardé le souvenir : « Un vide immense se creuse en lui, qui est en même temps plénitude[16] ». Ce qui met fin à une vaine ratiocination, ce qui ferme « le cycle de son délire circulaire », ce sont les trois mots tendres par lesquels une mère accueille son enfant, « mon petit chéri, mon petit chéri[17]… ». L'image première que l'enfant prend de soi, son premier miroir, c'est le visage de sa mère. Elle lui donne le sentiment de « tout en un » : elle est un corps transitionnel entre lui et un monde que le langage n'a pas encore fragmenté. La littérature ne tend pas à reconstituer l'histoire, mais à restituer un état : elle maintient la relation au « tout en un », avec la conscience d'en être séparé.

La vie de l'homme se partagerait ainsi en deux phases : celle de l'accomplissement (c'est-à-dire paradoxalement de ce qui est achevé, comme ce qui appartient à la perfection), celle du diabolique (c'est le règne du dissocié, jusqu'à l'opposition extrême de la vie et la mort). La mort doit être maintenue en la pensée, qui doit s'accommoder du contradictoire ; elle n'est pas seulement présente dans la pièce impénétrable au fond du couloir, mais prise dans la glace du miroir. L'ami disparu est présent dans son inintelligible absence en celui et celle qui l'évoque, « et le peu qu'ils se disent ranime les tendres sonorités de sa voix, l'un et l'autre aimant pour lui ce qu'il aimait en chacun et chacun par lui se faisant entendre de l'autre », selon ce qui est dit dans *Ostinato*[18]. Dans son *Commentaire du Banquet* de Platon, Marsile Ficin parle de l'amitié comme d'un échange de regards non d'un être à l'autre, mais de deux absents restitués chacun à soi : « Évidemment puisque je t'aime toi qui m'aimes, je me retrouve en toi qui penses à moi et je recouvre en toi, qui le conserves, le moi que j'avais perdu de

15 *Le Bavard*, p. 15.
16 *La Chambre des enfants*, p. 113.
17 *Id.*, p. 219.
18 P. 110.

ma propre négligence[19] ». L'amitié est autre chose qu'une inclination ; la révoquer est faire de soi une âme morte. Semblable au travail littéraire, elle est une expérience de ce qui interminablement se dérobe, n'existe que dans l'élan pour se survivre.

UN RIRE EN VÉRITÉ SI FRAGILE

Le travail qu'opère une mémoire, inévitablement démentielle, est causé par un tourment initial, mais aussi par une espérance : pour le narrateur « son destin – et sa malédiction – » fut « de revivre jusqu'à la folie ce qui une fois, et une seule fois, fut vécu[20] ». Il voulait opérer un dévoilement, et il est entré dans le cycle des répétitions dégradées : à la concentration s'oppose une dilapidation. L'antagonisme qu'illustrent les nouvelles de *La Chambre des enfants* est lié aux pulsions contradictoires que Baudelaire décelait en la personne. « Ainsi s'affrontent à armes égales deux aspirations contraires, dissonance perturbatrice, harmonie pacifiante, mais qu'une appartenance commune rend indissociables, telles deux fonctions vitales d'un même organisme[21] ». On pourrait, à la suite de cette constatation faite sur soi, confronter deux séries d'éléments en écho dans l'œuvre : ceux qui relèvent du diabolique et qui brisent l'unité, comme le crime historique, la mort de l'enfant ; ceux qui tendent à la restauration d'un état de concorde. Il n'y a pas de résolution possible de cette opposition, il faut la penser dans une tension extrême, jusqu'au paroxysme : « comme si la situation perdait toute vérité dramatique pour prendre soudain à ses yeux une saveur bouffonne, il éclate de rire : mort au champ d'honneur, l'arme à la main[22] ! » Le récit élaboré par une mémoire démentielle vient de se conclure par un meurtre fictif, et le rire est une jouissance. Quand la confrontation devient insupportable, un rire dénoue la situation en révélant la connivence dans le jeu. C'est ce qu'invente le narrateur de « Dans un miroir » pour exprimer, plus que la connivence, une identification de « Léonard » et du frère

19 Traduction de Pierre Laurens, Paris, Les Belles Lettres, 2002, p. 44.
20 *La Chambre des enfants*, p. 98.
21 *Pas à pas jusqu'au dernier*, p. 14.
22 *La Chambre des enfants*, p. 123.

de « Louise » : il « me regarda des pieds à la tête en éclatant de rire ». Cette attitude est triomphale : « À ce rire, qui avait quelque chose de pur et de vainqueur, je m'associai dans un élan d'exultation presque animale ». Le rire suspend le jeu : « rire sans honte, rire de délivrance[23] ». Il ne marque pas le triomphe de l'un sur l'autre, mais l'abolition de ce qui les distinguait.

Il existe un autre rire « aux antipodes du rire joyeusement explosif de l'enfance ». L'innocence perdue, le rire n'est plus de participation, mais de provocation. C'est celui qui éclate quand l'enfant se dresse contre son maître, ou que l'homme raille le destin : « l'adulte ne peut consentir de bon cœur à sa condition mortelle aussi risible qu'en soit le refus, et de fait il en rit parfois d'un rire sans gaîté... ». C'est un rire de défi et d'orgueil.

Au moment de mourir, on pourrait espérer se moquer de la mort. Le narrateur n'est pas loin d'envier Chrysippe qui se suicida dans un éclat de rire : il lui aurait plus que sa vie « prît fin sur un franc accès d'hilarité, la rupture se produisant avec une sorte d'allègre désinvolture, d'indifférence à la gravité de l'enjeu... ». Enfants, on rit de se sentir uni à tout ; solitaire, de se voir sans corps dans un miroir ; mourant, de prendre conscience de la non-divinité des dieux, et de partager cette conscience avec les dieux. « Qu'on imagine un condamné à la peine capitale éclatant de rire sur le lieu même de son supplice[24] ». La condition des hommes selon une pensée de Pascal[25] n'est pas tragique mais burlesque, constate celui qui va vers sa fin, *Pas à pas*, sans se leurrer. Le rire, qui exprime parfois la communion ou qui peut marquer la saisie globale du contradictoire, soulignera au moment de mourir le caractère dérisoire de l'existence. C'est là un rire certes, mais « un rire en vérité si fragile[26]... ».

À quoi rime la littérature ? Elle serait stérile, faite de pièces juxtaposées comme la mémoire, si elle ne rendait possible, par la voix des allusions et des reprises, l'expression de ce que Joyce nommait de « petites épiphanies ». Consignant des instants exceptionnels, elle les ressuscite. Les éléments narrés comptent moins que la conscience, un instant retrouvée, de l'oubli de soi dans un bonheur néant.

Aussi ce qui est reconstituées ne peut-il l'être qu'avec le sens de l'impossibilité de l'immémorable ; « essayer de formuler ce qui est ineffable,

23 *Id.*, p. 167.
24 *Pas à pas jusqu'au dernier*, p. 31.
25 Brunschvicg 67 ; Le Guern 405.
26 *Pas à pas jusqu'au dernier*, p. 31.

d'ordonner ce qui est irrémédiablement chaotique[27] », tel est le projet démentiel du narrateur ; il relève de la démesure, se place sous le signe du défi. En déplaçant le sens de l'expression de Mallarmé écrivant à Cazalis le 28 avril 1866, on pourrait parler de « La Gloire du Mensonge » : les détours de la fiction permettent de substituer à ce qui manque le lustre de l'absence. La vie, l'écrit tournent autour d'une défaillance qui n'est pas créée par les événements (départ de la maison familiale, deuil), mais illustrée par eux parce qu'elle est en nous. « Il doit y avoir quelque chose d'occulte au fond de tous, je crois décidément à quelque chose d'abscons, signifiant fermé et caché, qui habite le commun[28] », remarque Mallarmé étudiant « Le mystère dans les lettres ». Ce qui fait faute, c'est toujours le réel. La nostalgie du bonheur de l'enfant chez le vieil homme creuse en lui un puits sans fond. Ce lieu vide, énigmatique, « occulte », au fond du couloir, engouffre les êtres qui nous manquent et dont le manque est toute notre vie : la revenante dans les rêves de Samuel Wood, le spectre qui s'est défait « Dans un miroir », et hante la mémoire de celui qui, dans *Ostinato*, s'obstine à rendre provisoirement présente une éternelle absence ; le fantôme qu'on est devenu dès lors qu'on a pris de la conscience que toute parole est la voix d'un autre. On ne s'invente pas en écrivant, on s'abîme.

La littérature ne peut restituer le tout perdu, elle demeure fragmentaire, et ses réussites sont un leurre. Elle ne provoque qu'un rire sombre. La mécanique du récit, avec le jeu des renversements qui gèrent la fiction, vise à rendre sensible ce qui ne peut se représenter ; les mots s'approchent du silence ; la maîtrise sert à la démesure, « Ne pas se regarder vieillir dans le miroir que nous tend la mort, non plus que la défier avec de grands mots, mais, s'il se peut, l'accueillir en silence comme sourit à sa mère un enfant au berceau[29] ». La mère et la mort sont un, dans lequel on s'abolit, pour être tout, ou n'être rien, avec la même joie. « Nuit d'une éternelle durée où règne la mère, l'enfance sommeillant dans l'immuable, ensommeillé par l'obscurité, sortant de l'obscurité pour entrer dans l'obscurité, ô douce immuabilité du Toujours ! » : Hermann Broch, traduit par Albert Kohn, médite ainsi sur *La Mort de Virgile*. Le sommeil roule l'enfance jusqu'à la mort dans le mouvement interminable de la mer.

---

27 *La Chambre des enfants*, p. 130.

28 Mallarmé, « Le mystère dans les lettres », *Œuvres complètes*, Paris, Gallimard, coll. « Bibliothèque de la Pléiade », 1989, t. I, p. 383.

29 *Pas à pas jusqu'au dernier*, p. 22.

« PAR UN ŒIL PROFOND »

De tous les sens, ce sont la vue et l'ouïe qui sont les plus valorisés dans les nouvelles de *La Chambre des enfants*. On écoute aux portes : on épie des spectacles. Celui qui est vu ou entendu sait qu'il l'est, mais feint de le savoir pas. On se saisit du regard d'autrui par une voie oblique, par reflet sur la scène ou dans un miroir. Les récits suggèrent l'impossibilité de mettre fin au retournement du texte sur lui-même, indéfiniment. Si ce n'est spontanément dans un éclat de rire : « j'avais cessé d'être son jouet et il n'était plus ma victime[30] », écrit le narrateur de « Dans un miroir », en évoquant le rapport du pseudo-Léonard et de celui dont il voudrait éprouver la complicité et posséder l'affection par le truchement de « Louise ».

À l'opposé du rire qui marque un dénouement, le regard est le signe d'un défi. Il joue un rôle particulièrement important dans « Une mémoire démentielle », où le jeune collégien se trouve soumis au maître qui le scrute, « l'inspecte froidement par-dessus la table[31] ». C'est un jeu de pouvoir, on le sait, que d'imposer à quelqu'un de baisser les yeux.

Dans « Toast funèbre », Mallarmé évoque le Maître qui a dissipé les illusions « par un œil profond ». Telle était la force de ce regard ; il ne s'attarde pas sur celui qu'on a été ni ne considère ce qu'est présentement son interlocuteur ; il donne le sentiment d'observer ce qu'il était quand personne ne le regardait. Ce que l'on considère, ce n'est pas l'autre, c'est son au-delà ; chacun parle pour celui que l'autre n'est pas. Et pour peu qu'on porte sur autrui un regard de reconnaissance, ce n'est pas encore ce qui convient, puisque ce qui est à considérer, c'est qu'il n'y a rien à voir de positif, et, comme le dit le héros jeune d'« Une mémoire démentielle », ses condisciples ne le verront que lorsqu'ils ne sauront plus le voir. Ce regard qui traverse la personne sur qui il s'arrête, c'est le regard même que l'on voit porter en rêve. Dans la porte entrouverte sur « La chambre des enfants », Georges, le rêveur, remarque le regard vide d'un enfant, et se sent transpercé par des yeux « purs de toute effronterie » ; le jeune garçon semble n'accorder aucun intérêt à celui

30 *La Chambre des enfants*, p. 166.

31 *Id.*, p. 106.

qui apparaît dans l'entrebâillement de la porte ; son indifférence relève « d'une cécité d'ailleurs mystérieuse[32] » ; une cécité qui, faisant voir ce qui est derrière soi, et au-delà de l'objet, permet d'échapper à la servitude de l'inconnu. Pour relever moins du monde tendre des humains que de celui des imaginations sévères, cette cécité paraît « mystérieuse ».

On peut lire *La Chambre des enfants* comme un traité de la liberté volontaire acquise dans la fierté et le défi à l'égard des revenants, des spectres et des fantômes.

32 *Id.*, p. 76.

« RIEN N'A ENCORE ÉTÉ DIT »

Indéniablement, les études que l'observateur a consacrées à l'œuvre de Louis-René des Forêts auraient dû trouver leur fin il y a belle lurette. Mais ayant constaté que son projet tenait à son incertitude, ayant renoncé à organiser les raisonnements, il a préféré aller plus avant dans la divagation. Le lecteur tient à son objet, comme le chirurgien à son patient non pour le suivre en voie de décomposition, mais comme à la part imaginaire de son corps propre. Il s'efforce de saisir ce qui l'a séduit, sans pouvoir être dans la conscience de sa fascination. L'œuvre a pu être scrutée, son agencement précisé, que demeure inexpliquée l'attirance qu'elle exerce, comme si elle était le lieu commun injustifiable du scribe et de son lecteur, le miroir où celui qui lit se réfléchit en celui qui écrit.

L'ÉNIGME

Le propre du dialogue n'est pas un échange d'information, mais une tentative de complicité. On ne parle que pour se trouver ensemble dans un en-deçà du langage (qui peut être aussi tenu pour son au-delà), dans un état, enfantin ou angélique, où les êtres jouissaient d'une conscience commune. Le lecteur curieux jusqu'à l'indiscrétion (capable, comme tout narrateur, de perversité) se laisse aller à croire qu'existe un texte caché sous le texte, quelque chose comme une « cataphrase », et qu'à force de manipulation il le fera apparaître. Mais il n'y a rien dans les mots qui puisse répondre à ce qu'on leur demande et qui, portant sur la vie et la mort, sont de la vie. « Le comble du sens, il est sensible que c'est l'énigme[1] ».

---

1 Jacques Lacan, « Introduction à l'édition allemande d'un premier volume des *Écrits* », dans : *Autres écrits*, Paris, Éditions du Seuil, 2001, p. 553.

L'association, mal appariée, de notre souci d'un ordre rationnel et de la part irrationnelle de notre souci n'est pas une forme de connaissance moins séduisante qu'une autre, recommandée par une société soucieuse de certitude intellectuelle, c'est-à-dire de profit. De l'entremêlement des données de la lecture, et de ses confus désirs de clarté, le lecteur construit une fiction. Le « pêle-mêle assemblé », qui fut un genre artistique baroque est une habitude de l'esprit. La zone trouble d'un livre, un autre livre l'éclaire. Les nouvelles d'Henry James font écho, dans l'équivoque, aux ellipses qui fondent les récits de Louis-René des Forêts. On pourrait tenir le rapport étroit et dissonant ente deux œuvres pour l'équivalent, dans le domaine de la danse, du « pas-de-deux ». Chaque mouvement de l'un paraît l'accomplissement de celui de l'autre ; et cependant aucun ne peut être tenu pour détenir le sens de l'autre. Les livres ne sont pas séparés, la lecture permet d'entendre l'un dans l'autre.

On pourrait taxer de parabolique la lecture conjointe de deux ouvrages, en reprenant le sens que le mot a en mathématiques, en glissant de la notion de conjugaison à celle de récit allégorique. Rien n'interdit d'évoquer, en critique littéraire, une parole asymptote.

DÉVOLUTION

Le courrier de relais en relais dans les siècles classiques, l'agent de liaison au cours des guerres, ou le transmetteur, en littérature, portaient un message qu'ils ignoraient. Peut-être même la page était-elle blanche, ou inintelligible, comme la parole du rêveur, du prophète, de la pythie, qui « ne parle pas, ne cache pas, mais signifie[2] ». La lecture d'un livre sert à interpréter un autre. Les livres échangent entre eux une série de signes visibles, par leur format, le style de leur reliure, la place qu'ils occupent selon la chronologie. Mais plus encore par la conception qu'ils expriment de notre lien au monde : en l'un se trouverait ce que l'autre retient de dire.

2 Héraclite, B, XCIII, dans : *Les Présocratiques*, trad. Jean-Paul Dumont, Paris, Gallimard, coll. « Bibliothèque de la Pléiade », 1988, p. 167.

Un récit n'en évoque pas un autre par la similitude des aventures relatées, mais par ce qui en chacun paraît lacunaire. Il y a dans tous les ouvrages des soupirs, des réticences, des syncopes. Ce n'est pas toujours l'intrigue qui les justifie, mais l'impuissance essentielle à saisir ce qui est aux confins de la pensée et du langage. Le vertige ressenti devant ce qui est impossible à saisir constitue l'essentiel des réflexions prêtées à ses personnages par Henry James. Le roman intitulé *La Source sacrée*, pour désigner l'origine même de la parole, et le but de la littérature, est l'histoire d'une errance interprétative. On pourrait en dire de même de *La Chambre des enfants* : dans le concert des voix manque celle qui les accorderait. Un texte en provoque un autre, qui ne sera jamais le dernier. L'écrivain lui-même n'a jamais opéré autrement que le fit le lecteur, pratiquant des ajustements. Il parcourt le territoire qu'il a délimité avec la volonté d'en dresser la carte, puis s'en éloigne, ayant cru trouver dans des évocations extérieures une part invisible de son paysage. Ce qui lie deux ouvrages est autre chose que ce qui est énoncé ; c'est ce qui leur fait défaut.

L'évidence ne donne pas à penser, mais la réticence qui est le signe de notre impuissance fatale. L'expression de Jean Paulhan, « Mettons que je n'aie rien dit », rappelée par L.-R. des Forêts[3], relève certes d'une manœuvre littéraire : ce qui est dit n'est pas destiné à constituer une vérité immobile ; mais cette sentence a aussi un sens allégorique : ce que je dis est le signe de ce que je ne peux pas dire et ce que nul ne saurait dire réside dans ce que chacun dit. Ce qui ne peut s'énoncer est l'essentiel de l'échange. Admettons que ce qu'il y a à dire est dans ce que je ne peux pas dire. Il faut se contenter de faire signe. Et de transmettre d'une rive à l'autre un message riche d'incertitude.

La parole a saisi l'être humain à la gorge. Il ne saura jamais comment cela a commencé[4]. C'est pourtant à ressusciter l'existence d'un temps vide que prétend l'usage par la littérature de procédés d'effacement. Tel le nom du narrateur dans *À la Recherche du temps perdu* : le prénom de Marcel lui est attribué par Albertine comme si le narrateur se contentait

3 *Pas à pas jusqu'au dernier*, Paris, Mercure de France, 2001, p. 24.

4 Un propos de Jacques Lacan, sans que cette lecture lui ait été aussi familière que celle de James, aurait pu retenir l'attention de L.-R. des Forêts : « Le langage est là. C'est un émergent. Maintenant qu'il a émergé nous ne saurons plus jamais quand ni comment il a commencé. Ni comment c'était avant qu'il soit » (« Symbolique, imaginaire et réel », Conférence de juillet 1953, dans : *Des Noms-du-Père*, Paris, Éditions du Seuil, 2005, p. 27).

de formuler une hypothèse suggérée par « on » ne sait qui dans l'espace de parole hors du récit[5]. C'est le cas du titre : *Poèmes de Samuel Wood.* L'équivoque propre à l'usage du génitif en français fait hésiter le lecteur à tenir Samuel Wood pour le héros des poèmes, ou pour leur auteur. Le nom de Louis-René des Forêts, qui apparaît sur la couverture de l'ouvrage, est celui de l'homme qui transmet sans légitimité l'œuvre d'un autre. À la façon dont le narrateur d'*À la Recherche* fait intervenir une instance supérieure au récit pour donner un prénom à son personnage (prénom qui, au demeurant, ne sera repris qu'une seule fois, et de façon ambiguë[6]), une autorité sans identité intervient au terme des *Poèmes*, et révèle que l'équivoque « Samuel Wood » n'a d'autre existence qu'imaginaire et verbale :

> Une ombre peut-être, rien qu'une ombre inventée
>
> Et nommée pour les besoins de la cause
> Tout lien rompu avec sa propre figure[7].

Afin de rendre cohérent l'ensemble des poèmes, un nom particulier a été donné « pour les besoins de la cause », selon l'expression juridique, au tenant lieu de porte-voix. En dépit de la similitude de signification entre « Wood » et « Forêts », c'est là une façon de rompre, mais avec ambiguïté, le lien trop aisément établi entre ce qui est vécu et ce qui est fabulé. Le dernier vers brise le rapport entre les deux figures. Le doute ne porte pas sur les circonstances du récit, mais sur l'origine même de la parole, émise depuis un éparpillement. « Calmons donc le jeu en feignant de croire que ces voix toutes fictives harcèlent quelqu'un qui n'est lui-même qu'une fiction – une ombre sans identité aux prises avec des interlocuteurs invisibles[8] ».

Il y a eu dévolution de la charge ; l'écrivain transcrit « une voix venue d'ailleurs[9] ».

---

5 *La Prisonnière*, dans : *À la Recherche du temps perdu*, Paris, Gallimard, coll. « Bibliothèque de la Pléiade », t. III, 1954, p. 583.

6 *Ibid.* : « ce qui, en donnant au narrateur le même prénom qu'à l'auteur de ce livre, eût fait "Mon Marcel" ».

7 *Poèmes de Samuel Wood*, Montpellier, Fata Morgana, 1988, p. 44.

8 *Ostinato*, Paris, Mercure de France, 1997, p. 184.

9 Maurice Blanchot, *Une voix venue d'ailleurs. Sur les poèmes de Louis-René des Forêts*, Dijon, Ulysse Fin de siècle, 1992.

GLOSSOLALIE

Quelques œuvres, et, de façon exemplaire, celles de Mallarmé, de Walser, de Kafka, de Blanchot font entendre une parole qui semble n'avoir pas son origine en celui qui l'énonce. Relisant ce qu'il vient d'écrire, si douloureux qu'en soit le motif, le scribe a l'impression que cela lui a été dicté par une voix angélique, selon les apôtres, et leur représentation picturale. L.-R. des Forêts exprimait l'impression que certaines de ses nouvelles, « Les grands moments d'un chanteur » ou « Un malheur au Lido », lui auraient été « données ». Il n'en tirait aucun orgueil ; mais ressentait du bonheur à avoir été par l'écriture dépossédé, un temps, de soi. Quelqu'un d'autre, comme « Marcel » ou « Wood », était seul dans le secret du dessin de l'œuvre. Mais ils sont des illusions.

Il y a des écrivains qui ne savent pas respecter le secret ; c'est le cas des auteurs de romans à embrouilles. Dénouant l'intrigue qu'ils ont montée, ils s'imaginent convaincre le lecteur que parler est un acte innocent, et à son terme paisible. D'autres romanciers ne peuvent pas révéler quelque secret que ce soit parce que, à mesure qu'ils progressent dans la rédaction de leur œuvre, tout devient plus équivoque. Ce sont des métaphysiciens. C'est le cas d'Henry James, ou de L.-R. des Forêts : le sujet de leur œuvre se situe hors de ce qu'elle relate, en-deçà ou au-delà, dans un temps sans durée qui précède la représentation ou lui succède.

Les récits de ces romanciers se déroulent dans des espaces sans qualité, où a été installé, dans des lumières à peine différentes, le mobilier nécessaire au récit. En dépit de l'attention qu'il porte à l'œuvre de Balzac, James n'introduit que rarement, dans une de ses nouvelles, quelque information qui ne soit l'équivalent de ce qu'on nomme au théâtre des utilités. L'espace de la maison est cloisonné ; ce qui permet des couloirs, des seuils qu'on s'efforce de franchir, des portes qui s'entrebâillent. De la chambre qui demeure close émanent des voix, c'est « la chambre des enfants » ou celle, plus funèbre, de l'ancêtre d'« Owen Wingrave ». Mais il n'y a aucun tiroir, aucune boîte à secrets, dont l'inventaire apporte la solution du jeu de vie.

Le mystère de la voix retient l'attention du narrateur des « Grands moments d'un chanteur » quand, après avoir entendu Molieri pousser sa note, il le rencontre. À qui l'interrogeait sur le choix d'une intonation, Molieri pouvait seulement répondre, comme le prophète soumis à l'ange, que cela était prescrit d'avance. La remarque de Marcel Proust sur la différence de nature entre celui qui se montre dans la compagnie humaine et le même qui silencieusement organise une œuvre, n'est pas réductible à l'idée que l'un improvise (et que sa conduite est contingente), quand l'autre se compose (en contrôlant son écriture). Comme s'opposent la représentation manifeste du rêve et le sens latent, il y aurait une forme visible de la personne et une autre inexistante, tant qu'elle ne s'est pas manifestée dans l'œuvre d'art. La parole ne doit rien d'essentiel à l'existence ; elle lui paraît étrangère. La dualité que, après Ovide[10], souligne saint Augustin[11] à la suite de saint Paul[12], n'est plus d'ordre moral, opposant l'impulsion à la volonté ; elle est d'ordre ontologique, répondant à l'espace de l'existence comme lieu de dissipation, par la parole comme instrument de recueillement. La vie du scribe n'éclaircit pas ce qu'il écrit ; et ce qu'il écrit en vient à le nier comme être nécessaire quand il ressent que la parole lui est soufflée.

Le scribe répète. La glossolalie est un art de ne rien dire. Les consommateurs, au bar, à table, au bureau, serinent le propos du jour ; l'échange, sans que le propos multiplié ne change de forme, ni de substance, produit de l'écho, rien d'autre : « À ce moment-là, ils se répètent, ils répètent le langage lui-même[13] ». Chez James, et Des Forêts, il s'agit d'une retenue qui va jusqu'à la rétention, la réticence en vue de se refonder. Le mutisme choisi, exercé, est une pratique critique, contre le bavardage dissolvant. La parole a pour énergie et substance le silence.

Un écrivain peut « bavarder » (la parole emprunte à l'existence ce qu'il lui faut de couleurs pour illustrer son mouvement) ou se faire le répondant (*respondere* est lié à *spondere* : répondre et épouser sont en relation) d'une voix venue d'ailleurs. Les narrateurs des nouvelles d'Henry James et de L.-R. des Forêts ne cherchent pas à établir des narrations que justifieraient des motifs sociologiques ou des indications biographiques ; se libérant du prévisible, feinte après leurre, ils tendent à faire entendre

10 « *Video meliora proboque / deteriora sequor* » (*Les Métamorphoses*, VII, v. 20-21).

11 *Les Confessions*, VIII, 5, 10-11.

12 « Vraiment, ce que je fais, je ne le comprends pas : car je ne fais que ce que je veux, mais je fais ce que je hais » (Épître aux Romains, VII, 15).

13 Michel Foucault, « Nietzsche », *Cahiers de Royaumont*, cité en un autre esprit, par G. Deleuze et F. Guattari, *Rhizome*, Paris, Éditions de minuit, 1976, p. 69.

ce qui ne peut pas se dire. Ce qui les subjugue, c'est de suggérer en cette vie la réminiscence de ce qui fut à l'origine, avant que rien n'eût lieu, ou sera au terme quand rien n'aura plus lieu d'être.

VERS L'EXTRÉMITÉ DU CORRIDOR

La nouvelle intitulée par Henry James du nom de son héros « Owen Wingrave[14] » s'achève dans la chambre où est mort son trisaïeul. Il a été défié, par sa fiancée, de passer la nuit dans la chambre condamnée. Quelques heures après être allé s'installer en elle pour la nuit, il est retrouvé mort. La chambre n'est pas seulement un espace originel, mais également funèbre. Owen Wingrave affronte une image monstrueuse : il se donne en sacrifice pour effacer le crime originel de l'aïeul. C'est une variation funeste sur la légende de Thésée.

Une autre nouvelle de James présente de façon semblable la fascination qu'exerce l'absence, qui est la forme pensable du vide. Protégés par un pseudonyme, Abel Taker et Mrs Magaw se fréquentent dans une pension genevoise. La compagnie de chacun est agréable à l'autre parce qu'aucun n'est réellement présent ; ils vivent à l'écart de leur vie. Mis en confiance, ils se confient leur détresse. En devenant Abel Taker, C. P. Addard s'est défait de celui qu'il avait été ; mais en révélant que le nom d'Abel Taker est sans vérité, il oblitère pareillement celui qu'il a cru devenir. « Abel Taker est bien enterré, mais êtes-vous sûre », demande-t-il à Mrs Magaw, « que Mr Addard soit le moins du monde vivant[15] ? ». Une ombre, rien qu'une ombre… Au point que l'espace, au bord du lac, où ils se rencontrent, paraît à Abel Taker être « une chambre mortuaire[16] ». L'écrivain qui entre dans son travail abandonne celui qu'il est aux yeux des autres pour un autre, imaginaire. Les deux

14 Dans le recueil de nouvelles intitulé du titre de l'une d'entre elles *Le Banc de la désolation*, traduction de Louise Servicen, Paris, Gallimard, coll. « Folio », 2002.

15 « Le château de Fordham », dans : *Les deux visages*, traduction de Diane de Margerie et François-Xavier Jaugeard, Paris, GF, 1985, p. 144. La première édition de ces nouvelles dans cette traduction est de 1977. Dès 1975, F.-X. Jaugeard avait songé à consacrer un volume de sa revue *Granit* à L.-R. des Forêts, qui a pu lire les nouvelles dans leur langue originelle.

16 *Id.*, p. 151.

récits de James illustrent la situation d'écriture ; ce qu'on nommait jadis la vocation.

La topographie des appartements dans les nouvelles de James ou de Des Forêts, donnant sur des couloirs, des portes closes, illustre l'aspect sotériologique des récits, comme ceux qui composent *La Chambre des enfants*. On s'arme de courage pour parcourir les corridors, franchir les seuils, de la main suivre une cloison. Pour, en fureteur, capter les sons, le héros doit savoir s'absenter de lui-même : en recueillant les bruits, en faisant parler les uns et les autres, il maintient vivante la feintise de sa mort, dont les morts, par leur mort, sont dépossédés. Les voix claires dans les rêves, quand le dormeur n'est plus qu'une imitation de son cadavre ; les souvenirs obsédants, dont ne délivre aucune fiction ; les soupirs fantômes que ne conservent pas en elles les chambres closes, sont pareillement entendues par celui qui marche dans un espace où il n'a plus à se nourrir ni à espérer. Les indications de « corridors », de « seuils », de « portes entrebâillées » introduisent à un espace qui est au-delà de l'habitacle ordinaire ; elles balisent un cheminement qui implique de se défaire progressivement de ce que l'on crut être, jusqu'à la chambre mortuaire. L'espace parcouru dans les demeures romanesques est emblématique d'une circularité : la chambre, au fond du couloir, marque le lieu où la fin se saisit, en miroir, du commencement. Ce qui est à advenir a présentement lieu.

L'espace évoqué « Dans un miroir » comprend une antichambre, un long couloir sur lequel s'entrouvre, avec discrétion, une porte, et puis une chambre, où se tiendrait un reclus, auquel on ne peut prêter qu'une existence fantomatique. La démarche du narrateur qui a lu, dit-il, tous les livres, dont celui qui invente l'histoire d'Énée à la recherche de ses pères, et par là, en symétrie, du destin de sa race, ne repose pas sur l'espoir d'entendre une parole de vérité, mais de connaître un état de grâce, qui fait du silence partagé un lieu commun. Quand le langage a épuisé son office de provocation au silence, il ne peut plus que s'abandonner à la dérision de la glossolalie. « Contre son mutisme, ce bavardage sans vérité est mon unique ressource, mon unique force[17] », aurait dit « Léonard », selon le narrateur. Le silence perdu s'oppose au balbutiement quotidien, comme l'unique au multiple. La présence de ce qui est sans visage, comme l'ancêtre soudainement mort à la suite de

17 « Dans un miroir », *La Chambre des enfants*, éd. citée, p. 170.

son crime caïnite (jadis, dans la chambre où Owen Wingrave va mourir, l'aïeul a provoqué la mort d'un de ses enfants), ou, dans la chambre au fond du couloir, celle de l'absent à jamais, est pressentie dans le silence.

Un grand roman ne dit jamais ce qu'il dit pour témoigner d'un état des choses, ou d'un savoir sur les choses, mais pour faire cadre autour de ce qu'il ne peut pas dire. Les héros sont présentés dans la recherche, en autrui, de leur part absente. Le narrateur s'obstine en vain sur son travail littéraire. « Ce qu'il attend avec impatience viendra-t-il à temps lever l'obstacle, viendra-t-il même jamais ? », se demande, dans la souffrance, à la façon du héros de « La Bête dans la jungle », celui qui chemine *Pas à pas jusqu'au dernier*[18]. Vivant nous attendons l'événement, qui simplement en arrivant provoquerait la révélation : que nous sommes dans la vraie vie ; mais faute de concevoir que la vie qu'on a à vivre est la seule vie, on poursuit dans la pire répétition, le rabâchage. C'est la douleur du littérateur : il aspire à se taire, mais que ce soit dans la plénitude, et non par déficience. Il n'est pas toujours aussi innocent : il redoute aussi le silence auquel il aspire. Il devient complice de l'obstacle qui s'oppose, croit-il, à ce qu'il cesse de ratiociner. Le bavardage, le silence ne sont pas des stades de l'expérience ; ce sont des perspectives qui n'ont rien d'opposé. « Car rien en vérité n'avait été encore dit, rien ne le serait jamais », entre Jean de Frotté et celui qui serait le scribe d'*Ostinato*, « liés par ce qu'ils ne se disaient pas et tout ayant déjà été dit tacitement entre eux[19] ». Jean de Frotté occupe la pièce secrète au fond du couloir, mais on ne peut entrer en contact avec lui puisqu'il est fantôme.

Dans le récit que le vieillard, habité par « Une mémoire démentielle », fait de ses jeunes années, une proposition paraît semblable à ce que « La Bête dans la jungle » veut nous faire entendre : « tout ce qui surviendra est déjà comme survenu[20] ». Outre notre aveuglement au quotidien, notre incapacité à vivre l'instant dans son épaisseur, la sentence exprime l'idée, apocalyptique, que la fin des temps a eu lieu ; que si nous n'avons aucun dénouement à espérer, tout étant présent interminablement, nous ne pouvons que consigner, rédiger, interminablement avec la conscience, qu'on voudrait perdre, d'être déjà mort.

18 Éd. citée, p. 15.
19 *Ostinato*, p. 109.
20 « Une mémoire démentielle », éd. citée, p. 121.

« *DE TE FABULA NARRATUR* »

La nouvelle d'Henry James « L'image dans le tapis » exprime notre souci de connaître le dessein de ce qui est discontinu. C'est le rôle de l'écriture : mettre en images l'informe. Mais l'image que l'œuvre construisait discrètement ne peut être révélée que par autrui. Pas plus que le vivant, le scribe ne sait où il est mené, à que faire ou à quoi dire, pas à pas ou mot à mot jusqu'au dernier attendu. L.-R. des Forêts faisait de la surprise que l'agencement du récit suscitait en lui la raison d'en poursuivre la rédaction. L'écriture ne pouvait se dérouler heureusement que dans l'inespéré. L'élaboration progressive, jusqu'à sa présence discrète dans l'œuvre de « quelque chose comme une image compliquée dans un tapis d'Orient[21] » est une preuve d'authenticité. Il ne s'agit pas d'un subterfuge littéraire, d'un agencement subtil des formes et des lettres : « Ce que personne n'a décelé dans mon œuvre, c'est un organe de vie[22] », dit le romancier Vereker au narrateur de la nouvelle. Il s'agit de capter ce qui s'énonce au-delà de ce qui communément se dit. Le narrateur de la nouvelle est mis en garde par Vereker contre la facilité de rapporter « ce quelque chose de particulier par quoi j'écris mes livres[23] » à l'expression déguisée d'un interdit. On aimerait connaître le fin mot de l'histoire, car on ne se défait pas de l'impression, toute la vie, insistante, que quelque image dans le langage répond à la question qu'on pose au monde. Mais l'idée est fallacieuse, et presque simoniaque : le sens momentané d'une œuvre est constitué par l'attention que le lecteur lui porte. C'est toujours d'autrui qu'il est question quand on imagine parler de soi. Il n'y a pas de trésor caché ; mais il y a des fausses fortunes, quand le lecteur ne se soucie pas de construire intégralement une image, mais se contente de la réduire à l'illustration d'idées communes. Une voix se fait entendre entre les mots ; il s'agit d'en capter la musique. L'écrivain se défait progressivement de lui-même au profit de ce qui se dit en lui, et qu'il ne sait pas savoir. Cela se fait peu à peu par la substitution des narrateurs qui se relaient, les uns les autres. C'est ce qui mériterait d'être qualifié de construction maniériste.

---

21 Henry James, *Le Motif dans le tapis*, Paris, GF, 2004, p. 67.
22 *Id.*, p. 57.
23 *Id.*, p. 51.

Il y a un autre élément dans la nouvelle d'Henry James, à quoi le montage retors des nouvelles de L.-R. des Forêts rend sensible. Le narrateur a le sentiment qu'une image particulière existe en l'œuvre, mais il ne peut pas la distinguer tout entière. Comme dans les romans de quête, des lecteurs attentifs l'un après l'autre après l'échec du précédent prennent en charge la constitution du dessin entr'aperçu. Le narrateur a eu beau lire et relire l'œuvre entier de Vereker, il n'a su relever que quelques images insistantes. Son ami George Corvick, malgré sa passion et son obstination, n'arrive à rien de plus convaincant. Découragé, il abandonne l'Europe, et son amie. Et soudain, à Bombay, quelque chose de semblable à l'image qu'enclosent en eux les tapis d'Orient lui paraît visible, si complètement qu'il en est stupéfait. « C'est la question elle-même qui, durement tenue à l'écart pendant six mois, a bondi sur lui tout d'un coup, comme une tigresse hors de la jungle[24] ». Tout lui est accordé, comme par distraction, dès lors qu'il s'est rendu libre d'esprit. Son illumination n'est pas le résultat d'une réflexion critique mais d'un discernement irraisonné, comme la rencontre avec leur père pour les *Enfants du capitaine Grant* de Jules Verne. Raisonner les a conduits à l'échec ; le bonheur leur est donné, gracieusement. Mais alors que le roman de Jules Verne est clos par une rencontre qui comble chacun, et particulièrement l'attente du lecteur, le récit, constitué par une série d'hypothèses imbriquées, est, chez James ou Des Forêts, à l'image d'une spirale. Il n'y a pas de conclusion : l'enchâssement des voix narratives renvoie à jamais la clôture du texte. Le sens est sans cesse à construire ; il ne se transmet pas. L'illumination est fugitive. La fin est à l'image de l'origine, infondée. « Il avait la sensation de reprendre une histoire dont il avait manqué le début[25] ».

Toute histoire parle d'un autre que celui qui l'écrit. Elle se veut tout d'abord une image en miroir de celui, ou de celle, à qui le narrateur s'adresse. La destinataire de « Dans un miroir » rejette l'image que le narrateur fait d'elle, dans la nouvelle de L.-R. des Forêts. Mais il y a un autre destinataire, toujours présent en fantôme dans le texte, c'est le lecteur. Parfois l'auteur, quand il est Balzac, l'apostrophe, comme un frère à venir. Car la fable parle de ce qui est à être. Le changement de narrateur dit l'abandon et la reprise de la recherche de ce qui enfin

24 *Op. cit.*, 1984, p. 47 : « *like a tigress out of the jungle* » ; éd. GF, 2004, p. 82.

25 *La Bête dans la jungle*, éd. citée, p. 150.

mettrait fin à l'inquiétude. Il y a une relation amoureuse entre celui qui parle, et celui qui est supposé écouter. « L'image dans le tapis ne se laissait-elle voir ou décrire qu'aux époux ? aux amants unis par le livre suprême[26] ? », se demande le narrateur dans un moment de déception solitaire. Célibataire en esprit, il serait condamné à demeurer de seuil en deuil.

L'UN ET L'AUTRE

Les couples que forment les personnages d'Henry James ne manifestent pas l'unité, mais la dissociation. Ils ignorent leur complémentarité.

Dans le récit intitulé « L'amateur de "Beltrafio" », Mark Ambiant et sa femme, Béatrice, sont des époux opposés. Admirable écrivain aux yeux du narrateur, il paraît à sa femme absent, jusque dans le rapport naturel à la vie. Symboliquement, leur enfant, Dulcino, meurt, comme se dissipe le secret qu'aurait recelé l'œuvre de Vereker. Les narrateurs sont des solitaires ; ils découvrent, quand leur vie s'est dissipée à espérer « l'événement » révélateur, brusque et décisif comme l'est le bondissement de « La bête dans la jungle », ou quand il ne leur reste plus qu'à attendre de jour en jour la mort sur « Le banc de la désolation », ce qui aurait rendu la vie vivable par quoi la durée se changerait en présent. Mais le sens de vivre ne se révèle pas, il se construit. Si le mariage est évoqué par Vereker, et par le narrateur, comme la condition nécessaire pour que se confondent le tapis et l'image enclose en lui, c'est par conformité avec l'idée de promesse que le verbe « épouser » contient : *spondere* signifie « se porter garant ». Le couple ne se limite pas à l'association du masculin et du féminin ; la notion de pacte est commune à la littérature et au mariage : chacun se fait le témoin de l'autre, énonçant ce que l'autre ne sait pas pouvoir penser.

Ni dans les nouvelles de James ni dans celles de Des Forêts, le narrateur n'est un simple observateur : il ne constate pas, il interprète ; il exprime par son attention un amour réservé. De ce fait, il ne pourra

26 *L'Image dans le tapis*, éd. citée, p. 63. « *Was the figure in the carpet traceable or describable only for husbands and wifes – for lovers supremely united ?* » (GF, p. 100).

jamais énoncer le mot de l'énigme. Anne Fercovitz a assez manifestement provoqué les débuts de l'aventure de Molieri dans « Les grands moments d'un chanteur » de L.-R. des Forêts : elle ne cache pas au narrateur attristé que sa passion est sans retour, l'amour la pousse vers le chanteur. Cet aveu va le rendre doublement étranger à lui-même : à la suite d'une série d'incidents, il a pris la place d'un autre, si complètement rejeté dans l'ombre qu'on n'entendra plus parler de lui. Il n'a rien à offrir, ne possédant rien. Le narrateur s'indigne du « geste sauvage – réellement infâme que fit Molieri pour repousser la main d'Anna qui était venue se poser sur la sienne[27] ». Si le narrateur estime « infâme » le geste de Molieri, c'est qu'il manifeste son éloignement à la vie : la représentation l'a absorbé, comme Mark Ambian. Les héros de James n'ont pas de passion pour la vie mais pour une œuvre qui en serait révélatrice et nécessite leur sacrifice. Ils vivent, comme Molieri, dans l'absence de leur vie. Or la vie n'est pas hors de l'exercice de vivre.

Ce que cherche à dire la littérature est au-delà de ce que peut penser la personne. Elle est à la fois l'expression d'un espoir de communion, et le constat d'une déception. L'homme oscille « entre un espoir certainement démesuré et une dépression peut-être excessive[28] ». Nous sommes les substituts les uns des autres, continuant l'aventure humaine sans espoir d'en connaître la raison, avec la douleur de ne rien sauver par l'attention de pensée. On se tient à la place d'un autre qu'on voudrait présent comme un double, ou comme sa propre image « dans un miroir ». L'art romanesque, de James tout autant que de Des Forêts, relève de l'esthétique maniériste : une guirlande de fleurs vivantes entoure un centre vide. Il est destiné à recevoir une figure, mais ce ne peut être que le reflet de soi, qui s'efface.

Selon *Ostinato*, Jean de Frotté fut l'équivalent de l'ange suggérant par sa seule présence les mots à dire pour que l'enfant enfermé dans son mutisme accède progressivement à la parole. Arrêté pour son activité dans la Résistance, il a disparu, restant sans sépulture. Responsable d'un devoir de résurrection, semblable, en miroir, à celui dont son ami s'était chargé à son égard, le narrateur situe dans son œuvre sa place d'absent, lieu mythique et obituaire, que représente la chambre interdite, au fond sombre du couloir. Dans toute l'œuvre il est présent en absence.

27 « La chambre des enfants », éd. citée, p. 33.
28 « Une mémoire démentielle », éd. citée, p. 130.

Qu'est-ce qui animait les vivants lorsqu'ils veillaient un mort ? Certes, ils n'attendaient pas qu'il se lève et marche, ni même que la mort leur parle par la voie du cadavre. Ils aspiraient, près des cierges en lesquels le temps visiblement se consumait, à ce qu'il leur soit donné de partager son silence comme la forme vivante du bien. Le roman habituel, si complexe qu'il soit, relève du conte de fées : le lecteur ne se satisfait pas que soit seulement décrite une situation compliquée ; il a besoin que l'intrigue soit résolue. Rien n'est plus frustrant qu'une histoire inachevée. Or les récits de James et de Des Forêts ont une fin qui ne termine rien. Ils s'achèvent comme si rien n'avait été dit. Et cependant sans provoquer de déception. C'est que, comme dans le tableau maniériste, la vue des fleurs compense la crainte du noir. Ce que le narrateur de « Dans un miroir » voudrait trouver en la chambre mystérieuse, où il imagine la réclusion d'un fantôme, est une joie de vivant, un éclat de rire partagé. Le titre, « Dans un miroir », fait allusion à la glace en laquelle la voix dénommée « Louise » s'assure d'elle-même ; le titre sied également à tout le récit du scribe : il présente à sa cousine l'image de ce qu'elle ignore être ; enfin, le titre convient à une inversion du reflet : la position du narrateur, qui s'efforce d'arracher un mot, une parole de vivant, à l'hypothétique frère de « Louise », est symétrique de celle de l'adolescent secret dont l'image apparaît dans « Une mémoire démentielle » et, sous une forme relevant moins de la fiction, dans *Ostinato*. Car il ne s'agit que de lui-même, « comme si je ne pouvais trouver ma vérité que dans la sienne[29] », dans l'image qu'il lui présente d'elle. Écartées les guirlandes narratives, le narrateur voit son reflet en celui qui n'est pas. Que va chercher d'autre Owen Wingrave dans la chambre de l'ancêtre frappé d'interdit ? Si ce n'est ce qui guide la quête d'Igitur : « Igitur descend les escaliers de l'esprit humain, va au fond des choses : en "absolu" qu'il est[30] ». Le rire que le narrateur imagine pouvoir partager avec le fantôme est celui que procure le sentiment de l'achèvement et de la perfection. Car ce n'est pas des ancêtres qu'on attend un enseignement mais de leur absence maintenue présente, et de la présence de soi qui est déjà néante.

29 « La chambre des enfants », *op. cit.*, p. 190.
30 Mallarmé, *Igitur. Divagations. Un coup de dés*, Paris, Poésie/Gallimard, 1991, p. 44.

LE PASSEUR

Au bonheur que son visiteur ressentait à l'accueil de Louis-René des Forêts, dans sa chambre sombre, au-delà des pièces d'habitation, s'est substitué le souvenir de son corps chancelant et de sa souffrance. Dans le demi-jour des après-midi finissantes, il lui décrivait les visions qu'il avait eues durant les nuits d'insomnie que les calmants rendaient folles, les images aussi nettes que des encres de Chine et aussi terrifiantes que les gravures de Callot avec ses pendus et ses tentations, projetées sur le pignon éclairé de l'autre côté de la petite cour sur laquelle donnait son studio. Chacun de ses mouvements était marqué par la douleur. Il chaloupait du lit de repos à son bureau. Son genou gauche fléchissait « comme s'il n'avait plus, pour sa part, la force de soutenir le poids du corps réduit cependant à l'état squelettique[31] ». Il se résignait parfois à se reposer sur le côté du lit, comme on s'assoit sur le plat-bord d'une barque. Il n'imagine plus pouvoir reprendre pied. Et cependant il poursuit son effort. Tout se passe comme si l'œuvre à laquelle il consacre ses derniers mots – car le livre est un voyage d'un bord à l'autre d'« un peu profond ruisseau » – tenait sa gravité de ce qu'elle est au service d'un autre, qui est mort. Il sait, le passeur, que ceux dont l'absence à tout instant l'afflige, les ancêtres, l'enfant qu'il fut, l'ami qu'il eut, la jeune fille perdue, il ne pourra pas les préserver d'une nouvelle mort, d'une seconde mort, la sienne même, comme celle de leur célébrant. Il se souvient de ce qui est à venir.

Dans la chambre étroite où s'entassent les livres, il souffre de toutes ses articulations, comme s'il s'était assoupi sur des planches disjointes. Chaque jour, il s'assied à sa table, note, rature, recommence, biffe, surcharge, supprime, se décourage de ressasser. On ne laisse après soi que de l'inachevé. S'il eut jamais quelque orgueil, il ne se donne plus que le spectacle de la désolation. Mais il se sent lié au devoir de sa charge, celle, humaine, de convoyer des défunts au-delà de leur mort, celle, amoureuse, d'être celui qui ne survit que pour aimer encore la couleur des myosotis. Il porte la voix de ceux qui s'aiment encore en lui, « liés par ce qu'ils ne se disaient pas et tout ayant déjà été dit

31 *Pas à pas jusqu'au dernier*, Paris, Mercure de France, 2001, p. 60.

tacitement entre eux, car rien en vérité n'avait été encore dit, rien ne le serait jamais[32] ».

En 1909, Henry James jeta au feu des papiers conservés pendant des dizaines d'années. C'est le geste favori des écrivains pour opérer un suicide symbolique. Pas de feuilles déchirées. Rien que des cendres. « Au feu tout ce fatras », s'écrie L.-R. des Forêts dans *Ostinato*, se souvenant du geste par lequel il anéantit son roman au titre musical, *Le Voyage d'hiver*. Ce que l'écrivain évoque ainsi, c'est moins la destruction de son manuscrit qu'un tournant de son existence, le passage, littéraire, de la célébration avec *Les Mendiants* à une avancée vers la chambre close, se sentant « sommé de révéler ce que lui-même ignore et que, mission accomplie, il ne connaîtra pas davantage[33] ». Dans le feu s'achève une carrière possible de fabulateur, et presque d'imposteur. Il n'est plus question de se distraire par des fictions allègres. Mais, ayant pris conscience qu'on est défait quand on se croit triomphant, de se mettre à l'écoute vaine de celui qui parle en soi. Les nouvelles de *La Chambre des enfants* dénonceront ce qu'il y a de manipulation et de perversité dans la littérature, alors que, par son exercice, on aspire à retrouver l'innocence. De ses écrits, l'écrivain dès lors fera des cénotaphes.

Nous parlions souvent des nouvelles de James qui sont des tombeaux vides (l'usage de la première personne est ici un pur artifice grammatical). Son attention le portait vers les récits sans dénouement de Walser, Kafka, Blanchot ou, pour leur art de l'ironie, Jean-Paul et Lichtenberg. Mais nous revenions sans cesse à James, jusqu'à divaguer sur le rôle que tenaient en ses récits les notions de vœu et de serment[34]. J'avais le sentiment, dont je lui fis part, que ses narrateurs vouaient leurs forces et leur patience à défier l'impensable.

Une des dernières fois où je l'aie aperçu, traversant le carrefour de l'Odéon pour rejoindre le boulevard Saint-Germain, il avançait à pas lents, s'appuyant sur une canne à poignée courbe, dont il m'avait expliqué l'avantage, à une époque où il pouvait encore pénétrer dans une librairie et feuilleter un livre, en la gardant suspendue à son bras. Il avait dû se

32 *Ostinato*, éd. citée, p. 109.

33 *Id.*, p. 124.

34 Pour Louis Massignon contrairement à la « sacralisation féminine, le serment est ordination virile » (*Parole donnée*, Paris, Julliard, 1962, chapitre II, p. 182). L'Autre, ainsi, est le médiateur entre rien qui nous précède et qui nous poursuit, et le présent, saturé d'étoiles et d'arbres. Entre le négatif de l'écriture et la jouissance du pas à pas.

reposer en s'asseyant sur un banc. Il se pencha en avant, posa ses mains sur le haut de sa canne, et resta ainsi immobile, regardant devant lui, au loin, comme s'il avait été en bordure de la mer. Il paraissait entouré d'un halo de silence que je n'ai pas troublé. Immobile sur le banc, il écoutait plus le bruit des vagues qu'il n'était assourdi par celui des voitures, avec des souvenirs semblables à des oreilles de souris, immobile sur le banc de la désolation[35].

---

35 Henry James, *Le Banc de la désolation et autres nouvelles*, traduction de Louise Servicen, Paris, Albin Michel, 1960.

ANNEXE

LA NUIT MANUSCRITE

Pour entretenir le bavardage, il est d'usage d'opposer des arguments, deux à deux, ou, à défaut, simplement, des termes, à la vertu, la faiblesse ; au boréal, l'astral ; au jour favorable, une nuit funeste. Au centre du monde concevable, Zeus avait fixé Délos, l'île brillante d'Apollon. Pour les Grecs anciens, les étrangers à leur monde étaient les enfants de la nuit. Mais quelques siècles plus tard, quand on plaça la naissance d'un dieu dans l'obscurité, la nuit acquit une clarté que le jour n'avait plus :

> Et la nuit infidelle à son obscurité
> À sur notre hémisfère
> Beaucoup moins de noirceur qu'elle n'a de clarté[1].

Une perversité redoutable réside dans le jour ; il aveugle ceux qu'il éblouit ; Apollon répand la peste sur les corps qu'il décompose. La clarté de la nuit est la partie subtile du jour[2]. Pour Gabriel du Bois-Hus, « La Nuict des Nuicts », qui vit naître le fils de Dieu, est en corrélation avec « Le Jour des Jours » marqué, banalement, par la naissance du Dauphin, qui s'appellera bientôt Louis XIV. Les deux périodes de la durée ne sont pas en opposition mais en miroir. Les expressions « obscure clarté » ou « lumière noire » sont des constats de la mystérieuse présence de l'éclat dans l'ombre, d'un crépuscule dans le jour.

---

1 Gabriel du Bois-Hus, *La Nuit des Nuicts. Le Jour des Jours* (1641). Texte annoté et présenté par Annarosa Poli, Bologne, Casa editrice Prof. Riccardo Pátron, p. 154.

2 « La nuit est sublime, le jour est beau » dit Kant dans ses *Observations sur le sentiment du beau et du sublime* (1797 ; traduction de M. David-Ménard, Paris, Garnier-Flammarion, 1990, p. 82). Pour Kant, le jour est pur, la nuit terrifiante et glorieuse.

« Le Silence vestu de noir » nous délivre des bruits discordants du jour. Le monde ne devient cependant pas brusquement muet : les oiseaux se nichent, les mulots se terrent, les chouettes veillent. Le vent doux qui fait bruire la forêt apporte par intermittence le coassement des grenouilles et les odeurs montent du sol. Et puis tout s'endort, ce qui permet alors au promeneur solitaire de saisir ce qu'on nomme la musique des astres, et qui confine à l'impensable. Celui qui tombe dans l'espace vertigineux au-dessus de lui, les membres déployés, vole et exalte la

> Riche et miraculeuse Nuict
> Qui sans bouche et sans aucun bruit
> Enfantes pourtant LA PAROLE[3].

Nous n'en entendons que des bribes, sans nous lasser de veiller, et de balbutier l'imprononçable.

La littérature est une nuit transparente. Avant qu'une lumière blanche n'abolisse les angles d'ombre d'une salle, la lampe est la forme intime du feu de joie. La cire de la chandelle, le pétrole de la lampe-pigeon brûlent comme des fagots. Tandis que la flamme vacille, l'écriture progresse de rature en rature. L'abat-jour de porcelaine verte, descendant et montant sur la tige à crémaillère suivant la densité de l'ombre, réduit progressivement le cône de lumière, jusqu'à ce que l'aube submerge la « lampe angélique ». Il est l'heure d'éteindre et d'offrir à ceux qui ont dormi la clarté de la nuit recueillie sur la page à la façon de la rosée : « Je t'apporte l'enfant d'une nuit d'Idumée ! » écrit Mallarmé en faisant *Don du poème.*

L'ombre est le lieu d'un secret plus ou moins épais, tantôt se brisant, tantôt se concentrant, tandis qu'on s'abandonne aux sollicitations du jour avec un sentiment de plaisir et d'aise. On écrit avec du noir, le plus beau noir, de l'ébène ou du jais. Le narrateur d'*À la Recherche du temps perdu* évoque les lettres que les fantassins au repos, portant encore en écharpe la couverture bleue, qu'il ne resterait plus qu'à dérouler pour en faire un suaire, écrivaient à leur mère. À la veille d'entreprendre la rédaction de son livre, le pseudo-Marcel s'imagine au bord de sa guitoune dans une situation semblable. Pour pénétrer plus profondément dans la nuit, il lui

3 *Op. cit.*, p. 154.

faut inverser l'attribution traditionnelle du temps : « Le jour tout au plus pourrais-je essayer de dormir. Si je travaillais, ce ne serait que la nuit[4] ». Son but n'est pas en effet de décrire la tapisserie du temps, mais son envers, tout comme les soldats vivants redoutent de rédiger une lettre posthume.

On parle dans le jour ; mais on écrit dans l'imminence de la mort.

Il y a trois espèces de lumière : celle du jour est la plus ordinaire et la moins claire ; celle du quinquet, en trouant la nuit, la rend alentour plus obscure ; la dernière lumière est celle de la parole qui s'élabore sous la veilleuse. Car la pénombre nous permet de saisir ce qui, dans la nuit, est la forme visible d'organismes putrides et d'expressions pétrifiées.

Ayant pour effet d'éroder les berges de la nuit, le travail d'écriture, en quelque moment de la journée qu'il ait lieu, est nocturne par essence. On se reprend ; on revient sur une rature. La page se disloque. Il est illusoire de croire que la dernière expression est la plus juste ; celle qui pourrait en donner l'illusion est toujours à venir. Ce qui comble dans l'instant se trouve désavoué par le temps. Quand l'écrivain juge achevé son manuscrit, c'est qu'il ne peut pas voir plus clair en lui. À des formules insatisfaisantes succèdent des satisfactions illusoires. On aimerait pourtant que le texte se concilie le liant de la nuit. Le jour, les individus se bousculent dans un espace sans unité. Dans la nuit, au contraire, le monde retrouve la cohérence que les activités humaines lui font perdre. On s'estime apaisé : on découvre la nuit de la nuit.

Le Bavard, qui est le narrateur du récit de Louis-René des Forêts, ne parle pas de façon décousue. Son récit est une longue périphrase autour de ce qu'il voudrait être capable de dire mais redoute de savoir. Plus il parle, plus il frôle le pire. L'affolement qui se saisit de lui le mène à la dénégation : il aimerait faire croire que tout ce qu'il a dit était fabulé. Ce qui n'est pas absolument faux. À deux reprises, dit-il, ne retenant que ces deux expériences, il a eu des accès subits de garrulité, l'un diurne et estival, l'autre nocturne et hivernal. Étendu sur une falaise, tandis que s'estompent les bruits de l'été, et que vient la nuit, il se sent libéré : « Oui, c'est cela surtout que je

---

4 *Le Temps retrouvé, À la Recherche du temps perdu*, Paris, Gallimard, « Bibliothèque de la Pléiade », 1989, t. IV, p. 620.

sentais fortement, que j'étais loin des hommes et que les soucis des hommes étaient absolument dépourvus de signification[5] ». La seconde expérience qu'il évoque se déroule dans un dancing. C'est une scène de séduction, sanctionnée par un éclat de rire. L'important est ce qui s'en suit. Meurtri, étendu dans la neige, alors que pointe le jour, il entend une troupe d'enfants passer en chantant. La chaleur qui émane des voix délivre le narrateur de sa lourdeur. La musique est la Parole de la nuit, « claire comme une nuit de gel, rafraîchissante comme une bolée d'eau de source[6] ». Le Bavard parle à en perdre la tête, pour s'entendre énoncer la note exacte qui ferait de lui un élément d'une phrase juste. Il a pour correspondant, dans un autre paysage, le derviche-tourneur.

« Viendra-t-on me dire que tout cela frise le délire d'interprétation[7] ? ».

Les éditions critiques proposent à la lecture les différents états du texte qu'il a été possible de répertorier. Certaines variantes témoignent d'une recherche esthétique ou visent une amplification du sens. Certaines corrections peuvent cependant être lues autrement : elles constituent des essais de voix, et dénotent une volonté butée de percer la résistance à l'expression. La rature marque une station dans le cheminement obstiné vers l'improbable. Un bavard n'en finit jamais de parler ; l'écrivain n'achève jamais le texte en cours ; il ajoute redite sur biffure.

Dans le premier état de récit qui deviendra *Le Bavard*, on peut lire ces lignes progressivement reformulées :

« et c'est un pur jeu de l'esprit [d'étendre] d'orienter mes recherches à partir d'une grossière erreur [d'interprétation] ? Étais-je dans mon état normal ? À quoi bon [s'étendre exagérément sur des] événements très ordinaires [s'obstiner à exprimer et commenter] [qu'un homme sain ne refuserait à commenter]

[auxquels un homme libre d'esprit ne s'arrêterait pas un instant ?]

[auxquels un homme sain se refuserait à prêter la moindre attention][8] ».

---

5 *Le Bavard*, Paris, Gallimard, 1946, p. 22 ; 1991, coll. « L'Imaginaire », p. 15 (texte corrigé).

6 *Id.*, p. 169 ; « L'Imaginaire », p. 125.

7 *Id.*, p. 116 ; « L'Imaginaire », p. 86.

8 Je remercie Madame Janine des Forêts d'avoir accepté la publication de ces lignes, et *Théodore Balmoral* qui en a publié les dernières pages composées de remarques séparées

Les biffures et les surcharges conduisent à une expression plus concise et plus distante :

« À quoi bon m'obstiner à décrire et à commenter des événements très communs auxquels un esprit non prévenu se refuserait à accorder toute signification[9] ? ».

Ce travail de progression, pause après pause, se poursuit vers ce qui sera limpide seulement quand les mots auront été énoncés :

« Il est clair que je cherche [à fanfaronner] à me distinguer et qu'au prix des plus grands efforts je m'évertue à faire remonter à des causes trop extraordinaires pour être négligeables des effets parfaitement négligeables[10] ».

Le drame du Bavard vient de ce qu'il ne potine pas pour se distraire mais pour approcher les causes si étranges de son état qu'il est impossible de les énoncer. Mais il sait en quel lieu de lui-même, en quel enfer il devrait aller s'en enquérir. Les effets se multiplient dans l'ombre du jour ; les causes profondes remontent putréfiées du tombeau des ancêtres. Le Bavard parle de ce qui est occasionnel et « négligeable », parce que les faits ne tirent pas leur signification d'eux-mêmes, mais de ce qu'ils réitèrent. Ils sont interchangeables, et donc négligeables ; au contraire, ce qui est essentiel ne peut être que subodoré.

Aux trois sortes de lumières correspondent trois espaces d'ombre. Les humains s'assoupissent en se disant « à demain ». Leur terre est celle des bucoliques. Plus tard, ils en connaîtront le sous-sol, le monde souterrain des morts. Une des deux fonctions du dieu Hermès consiste à nous rapporter leurs messages, comme le fait Samuel Wood. Plus obscure encore, en deçà de Gaia nourricière, de Chthon qui transmute ce qu'on y enfouit, il y a Nyx, la nuit noire et gluante. C'est le royaume des Mères : « Ainsi, demeurant dans une obscurité et dans une solitude éternelles, les Mères sont à l'origine de la création ; elles représentent *le principe* qui croie et qui conserve et dont émane tout ce qui, à la surface

---

par un astérisque, dans le n° 58, 2008 (p. 5-8 ; pour cette introduction : p. 9-14). Elles sont extraites d'un cahier d'écolier (22 x 17,5 cm) de 50 pages non lignées (dont 18 ont été arrachées). Le papier a la mauvaise qualité des productions de guerre ; il est si poreux que l'auteur a été conduit à n'écrire que d'un seul côté, sauf en cas d'urgence de pensée. La transcription respecte le passage à la ligne.

9 *Le Bavard*, éd. citée, p. 116 ; coll. « L'Imaginaire », p. 86.

10 *Id.*, p. 117 ; coll. « L'imaginaire », p. 86-87.

de la terre, a forme et vie[11] ». C'est le lieu des « causes extraordinaires » de nos perversités. Les Mères sont perpétuellement adorées et profanées par l'écriture qui tendrait en les dévoilant à anéantir leur pouvoir. Le Bavard sait ce qu'il voudrait éclairer ; il nous indique ce qui ne peut pas se penser.

Le second rôle du dieu Hermès est d'enjôler l'homme dans un filet d'équivoques. Le Bavard est de ses disciples. Mais son espoir excède son talent : en dénonçant ses tours, il fait la preuve qu'il croit toujours en leur pouvoir et qu'il tient son gouffre pour un lieu d'éclairement. Dans le flot des commérages s'énoncerait une parole éblouissante ; sur le champ s'abolirait l'empire que gardent les Mères.

Pour l'écrivain, la page blanche est vide comme la nuit et opulente comme l'espérance. Il a beau se munir d'objets propitiatoires comme autant de futiles rameaux d'or – les crayons de couleur, les notes d'intention, les citations d'appui –, pour progresser mot après mot, il est toujours tenté par le renoncement. Ce que j'appelle la nuit manuscrite, c'est l'idée qu'écrire est balbutier dans le noir – car la nuit la plus obscure est en soi une attirance comme le feu et ses étincelles pour l'enfant – afin de s'approcher, reprise sur rabâchage, de ce qui laissera sidéré. Piperie : l'écrivain qui croit aller où il veut craint brusquement de s'être dévoyé ; ne reconnaissant plus sa voix, il se croit happé, s'imagine appelé. C'est son bonheur. Le seul qu'il connaisse. Aussi poursuit-il d'errance en rature, voyageur avide, l'espoir d'entendre un motet derrière ses mots.

> « Si seulement il faisait du soleil cette nuit[12] ».

11 *Conversations de Goethe avec Eckermann*, traduction de Jean Chuzeville, Paris, Gallimard, 1990, p. 329.

12 André Breton, « L'aigrette », *Clair de Terre*, Paris, Gallimard, 1923 ; repris dans *Poèmes*, Gallimard, 1948, p. 49.

TRANSCRIPTION DU MANUSCRIT DE LOUIS-RENÉ DES FORÊTS PORTANT SUR L'ÉLABORATION DU *BAVARD*

Du reste, lorsque je subis quelques jours plus tard une nouvelle   un vif déplaisir à la supporter sans avoir eu le bonheur de préalablement   d'avoir   pour indissolublement   souffrance qui l'avait suivie ; et ~~l'un compensait largement~~   que l'une eut compensé largement l'autre si elles

---

J'étais comme un homme qui a envie de se gratter et ne le peut.

~~Mais~~ Pour en revenir à la nature même de cette crise

ne manifestât pas un étranger besoin de discourir

c'est que les mots ne me venaient pas en aide

Pour me faire comprendre je ne saurais mieux
qui, incommodé par un repas trop copieux, fait
s'en débarrasser

---

dont les réprimandes le semblaient

[Page 2]

Pour me garder contre les   de ceux qui sur la foi de mon propos   relatif à mon désir

de me singulariser seraient enclins soit à douter de la véracité de ces crises soit à en contester
le caractère de gravité, je ne puis mieux faire que d'user de la plus grande sobriété dans la ma
description ~~de l'atmosphère où elles se déroulèrent~~ et dédaignant toute recherche d'effet mieux ~~nécessaire~~ souhaitable

mais priveraient peut-être mon ~~rapport~~ récit de l'objectivité nécessaire ; ~~qu'on ne se forma-~~

~~lise pas de son sérieux~~ ~~bien que~~ je ne ~~pense pas peux m'exposer échapper à la raillerie en adoptant~~
~~un style de clinicien~~ tant pis si c'est reculer pour mieux sauter : à quelque raillerie ~~ne pas faire appel au pouvoir hallucinatoire de certaines images~~

que ma précédente… m'expose, j'entends éviter la transposition et m'en tenir à une repro-
duction ~~la plus strict~~ absolument, ~~sans falsification d'aucune sorte par soucieux~~ rigoureuse et d'une gravité doctorale
~~quelque peu bouffonne~~ j'aimerais qu'on me prenne pour un esprit fort grave, et d'une gravité

---

nullement ~~sollicité~~, par elle ~~échappent~~ ~~à l'écart des~~ en quelque sorte à la sollicitations un peu ~~étourdissante~~ trop excellente
de ses causes, je pouvais la savourer ~~calmement~~ à l'écart échafauds, en toute lucidité, ~~que je fusse~~ je me tenais ~~à~~
~~l'écart~~ ce qui permettait à ma raison de gouverner mon plaisir.

[Page 3]

aujourd'hui, il m'est difficile d'échapper à la tentation de saisir la première occasion qui s'offre de me rendre sur le théâtre d'une mani-festation popu-
laire où j'ai des chances d'être à même de scruter des visages ~~où~~ sur lesquels s'ins-

crirent les ardentes stigmates de la passion (que les raisons qui l'alimentent soient sottes, peu m'importe), mais la crainte d'être entraîné moi-même par un débordant flot de colère ou d'enthousiasme (en dépit de toute ma fermeté) ~~m'en ôte le plus sou-~~
~~vent toute envie me pousse~~ (et précisément à cause de ma faculté de sympathie et
en dépit de ~~la froideur~~ l'indifférence où ~~je me suis~~ j'ai juré de ~~conserver~~ de me tenir) me revient quelque fois d'y
céder

---

mais la crainte d'être entraîné moi-même, me retient quelquefois d'y céder et précisément en vertu de ma faculté
de sympathie et en dépit du sang-froid que je me suis juré de conserver, par un flot
débordant de colère ou d'enthousiasme

---

dont il m'est indifférent d'apprendre que les raisons qui l'alimentent sont sottes et injustifiées
est alimentée par des raisons sottes ou

et ~~d'éprouver~~ de guetter l'émotion qui

[Page 4]

un lecteur, j'y insiste, ça veut dire quelqu'un qui lit, non pas nécessairement qui juge. Au reste je n'interdis pas qu'on me juge, mais si le lecteur brûle ~~de désir~~ d'impatience
s'il se dessèche d'ennui, je le prie de n'en rien laisser paraître, je tiens à lui signifier une
fois pour toutes que je n'ai que faire de ses bâillements de ses soupirs, ou de ses vociférations, de ses coups de talons sur le parquet Est-ce ma faute si j'ai un faible pour les gens polis ? Et notez
que je ne vous demande pas de ~~m'adresser~~ me lire vraiment, ~~je lui demande de me faire croire qu'il m'écoute~~ mais de me laisser croire que vous me lisez : vous

saisissez la nuance ? Vous me demandez si je ~~Alors~~ vous parlez pour mentir ? – Non, Monsieur, pour parler, rien
de plus, et vous même faites-vous autre chose du matin au soir et pas seulement à votre
chat ? Et un écrivain écrit-il pour une autre raison que pour celle qu'il a envie d'écrire ?
Mais suffit. Que mon lecteur me pardonne si je n'aime pas qu'on me bourdonne aux oreilles
quand je parle. Revenons à notre récit.

[Page 5]

Bien qu'il me parût nécessaire pour entretenir l'état agréable où je me trouvais de conserver intacte toute ma lucidité, j'avais une connaissance assez éprouvée de mes faiblesses pour ~~savoir~~ prévoir d'une façon qu'aucune considération de ce genre ne m'empêcherait de ~~succomber~~ céder à la tentation absurde et immédiate de
vider ce verre qui brillait devant moi ; et il me semble que c'est la certitude même de ~~céder~~ succomber à la tentation d'une chute à courte échéance qui m'entraînait ~~à y succomber vers elle~~ le faire sans plus
attendre. Je bus quatre verres consécutifs et je trouvais qu'ils me mettaient ~~dans lequel je me~~ dans un état aussi très agréable, et ~~je trouvais~~ la meilleure justi-
fication à ma faiblesse ~~dans le fait~~ c'était que ma ~~conscience~~ lucidité, au lieu de se brouiller, me paraissait
au contraire si bien nettoyée qu'elle en devenait plus réceptive ; et je me sentais plein
de sympathie, une sympathie ~~formidable~~ à tout casser, par tous ces gens agités. Ils avaient
raison de rire, de danser, de boire, de se préparer à faire l'amour, quel passe-temps
utile ! le spectacle de ces hommes qui consiste tout le secret de la vie, me disais-je. Vivre c'est sentir et danser et rire c'est sentir donc boire, danser et rire, c'est vivre ~~syllogistiquoi-je~~ et plaisant syllogisme ~~là~~ je vidai le mien verre qu'une main bienfaisante venait de remplir. ~~C'était merveilleux d'être un peu~~
~~saoûl. J'étais complètement saoûl.~~

[Page 6]

C'était merveilleux de voir danser ces gens ~~un peu~~ saoûls. C'était merveilleux d'être un peu saoûl. J'étais complètement saoûl.

[Page 7]

Je me regarde souvent dans la glace. Mon plus grand désir a toujours été de me découvrir
quelque chose de pathétique dans le regard. Je crois que ~~j'ai préféré~~ je n'ai jamais cessé ~~de donner toutes mes préférences~~ de préférer aux femmes qui soit par
aveuglement amoureux soit pour me retenir près d'elles inventaient que j'étais un vraiment
bel homme ou que j'avais ~~une machoire~~ des traits énergiques, celles qui me disaient presque tout bas avec
une sorte de retenue craintive que je n'étais pas tout-à-fait comme les autres. En effet, je me
suis longtemps ~~complu dans~~ persuadé que ce qu'il devait y avoir en moi de plus attirant, c'était
la singularité. C'est dans le sentiment de ma différence que j'ai trouvé mes principaux
sujets d'exaltation. Mais aujourd'hui où j'ai perdu ~~quelque peu malheureusement ma toute suffisance malheureusement je ne peux plus~~ me cacher que ~~rien ne me convient rien~~
~~plus distingué~~. Je ne me distingue en rien. Je fais la grimace en écrivant comment ceci ? Que je connaisse enfin une aussi intolérable vérité, passe encore, mais vous autres !

---

ou de la peine dans la langue la pulpe d'un citron à peine mûr.

[Page 8]

Il y avait dans son allure je ne sais quoi de si grave et de si impénétrable que je ne pouvais
douter qu'elle ne sût comme moi que l'abandon au plaisir.

[Page 9]

J'étais assis derrière une petite table de zinc dans un coin bruyant et j'écoutais la conversation
en train autour de moi à travers la fumée bleue des cigarettes et je regardai tour à tour les couples qui défilaient devant ~~mes yeux~~ moi
essayant ~~d'attraper~~ de saisir au passage un bout de conversation, mais c'était superflu : l'allure et l'ex-
pression du visage m'en disaient plus long que ~~toutes~~ les paroles ; si une femme était l'objet de mon
examen je m'accordais tout juste le droit d'estimer d'un regard le charme de la taille ~~et je~~
~~passais aussitôt assez vite au sourire des lèvres et à celui à l'éclat des yeux où se reflétait un plaisir du~~ tout l'éclat
~~plaisir éclatait généralement, un plaisir pur de toute arrière-pensée,~~ avant de passer au
visage que j'interrogeais passionnément sur lequel je pouvais lire et en général déchiffrer sans effort les désirs d'une danse
causée à la fois par la danse ? presque physique qui me ~~transportait en moi-même de plaisir~~ frappait moi-même d'extase et de vertige. ~~De même que~~ Tout comme le ~~soleil~~ le regard
reflet fulgurant du soleil sur une surface parfaitement blanche vous ~~aveugle~~ affecte bien plus cruellement
que la perception du ~~le~~ soleil lui-même, ~~de même~~ le spectacle du plaisir celui du plaisir doit son ~~pouvoir~~ efficacité au fait qu'il est
en quelque sorte matérialisé par l'expression qu'il donne à ~~une figure~~ un masque vivant.

De même que le reflet fulgurant du soleil sur une surface parfaitement blanche, affecte
bien plus cruellement le regard que la perception du soleil lui-même, le spectacle du plaisir
d'autrui doit sa valeur émotive au fait que ~~et souvent de contagion avoir contagieux~~ ~~ce plaisir~~ celui-ci ~~s'est en quelque sorte~~ a pris une forme ~~dans~~ en éclatant sur la chair d'un visage et suscite ~~une curiosité contagieuse~~
La contagion s'est amplifié

---

est centré dans le domaine ~~tellement convaincant~~ absolument luisant pour nous de l'expérience sensible, ~~par l'éclat dont il revêt~~
la chair d'un visage d'une éclat lumière radieuse ~~qui ne permet pas le doute~~ ~~indubitable~~ en ravivant
qui le rend contagieux

[Page 10]

Sur ces entrefaites, lorsque mon regard rencontra celui d'une jeune femme très belle qui dansait
aux bras d'un individu d'une taille ridiculement courte, au nez busqué et aux cheveux rouges
qui montaient en deux vagues inégales de chaque côté d'une soie impeccable ~~que coupait~~ et coupé
en son milieu par le bord d'une casquette plate collée presque sur la nuque, j'eus ~~immédiatement~~ aussitôt
le sentiment étrange qu'il y avait encore quelqu'un dans cette salle sous l'apparence d'un masque impassible qui se nourrissait
secrètement du plaisir des autres avec une avidité ~~à la fois qui s'ordonnait~~ frénétique et ordonnée.
Si d'emblée je ne parviens plus à détacher mon regard de celui de cette femme qui ne
paraissait d'ailleurs autrement gênée de l'intérêt que, mon ivresse aidant, je lui
marquais avec une insistance ~~sans doute~~ assez incorrecte, c'est que ses yeux, son visage et

l'ensemble de ses manières tranchaient curieusement sur ceux des autres femmes aux
rires provocants qui lançaient des œillades ~~promett~~[euses] engageantes par dessus
l'épaule de leur danseur à l'adresse des quelques hommes assis ou exhibaient né-
gligemment des cuisses nues sans se lasser ~~de bavarder avec d'une voix~~ d'interpeller
les uns et les autres avec une liberté de langage qu'autorisaient seules la nature
spéciale de l'endroit et ~~celle de la clientèle~~ les goûts vulgaires de la clientèle.

[Page 11]

Eh bien, j'ose dire, sans préjudice de la compréhension instantanée et massive de lecteurs cet aveu m'expose, que j'appartiens précisément à cette espèce de bavards-là. Mais pour ceux qu'une aussi fâcheuse révélation n'aurait pu faire quitter des yeux ces lignes, je crois nécessaire de...

[Page 12]

Je n'éprouve aucune honte à reconnaître qu'après tant de consommations j'étais ~~de plus en plus mal disposé~~ moins en moins propre
à distinguer cette femme de ses voisines et qu'en tout cas il n'y avait peut-être rien en elle qui pût me
faire naïvement supposer qu'elle goûtait le même plaisir que le mien; rien peut-être sur son beau visage qui
décelât un plaisir plus raffiné que celui ~~de ses compagnes~~ des autres. Mais je me plaisais à donner à sa réserve qui
différait d'une manière si frappante de l'exubérance ambiante une interprétation qui pouvait très bien
ne pas être la bonne. Cependant cette impression très probablement illusoire que mon plaisir était
en tous points semblable à celui dont j'imaginais qu'elle se délectait secrètement ne provenait pas

seulement de cette réserve insolite : il y avait aussi, pendu à elle, ce petit bonhomme roux qui
levait vers son visage presque inanimé des yeux ardents et, au milieu d'un débordement de soupirs,
ne cessait d'exprimer des sentiments dont elle ne paraissait nullement tenir compte ; serait-ce
parce que lui parlait tant et plus et qu'elle ne desserrait pas les lèvres et qu'il la dévisageait avec
insistance tandis qu'elle promenait son regard partout ailleurs au-dessus de lui avec un intérêt ex-
clusif qui eût suffi à décourager quelqu'un d'un peu moins épais, elle me semblait bien plus
occupée par le plaisir des autres que par ~~le plaisir~~ celui, ~~à son avis~~ trop fort à son gré, auquel on l'invitait avec tant de chaleur et de patience vaines.

[Page 13]

Mais à quoi bon ces frais d'exposition, voilà bien des détours pour en arriver enfin à écrire cette simple
phrase : j'avais envie de danser avec elle. Et je ne me retiens pas d'avouer que ce désir n'avait au fond
pour seules justifications que la séduction d'un visage que l'attention rendait grave, profond, inaccessible
et l'attrait tout physique qu'exerçait sur moi un corps admirablement balancé, et non pas du tout, com-
me je viens de m'évertuer à le faire croire, l'émerveillement où me plongeait l'analogie douteuse,
créée peut-être de toutes pièces par mon imagination d'ivrogne, entre nos deux recettes du plaisir ; et
d'ailleurs n'est-ce pas après coup que j'ai trompeusement substitué au désir que j'avais de tenir
cette femme dans mes bras l'enchantement que j'avais trouvé à découvrir quelqu'un dans cette
salle qui différât des autres par la façon dont elle savait comme moi tirer tout le
maximum de ressources ? Mais après tout, que vous importe ? L'ai-je désirée physiquement, son

a-t-elle seulement excité une curiosité par son air sérieux ? Quelqu'un tient-il à ~~savoir très~~ connaître
~~exactement~~ avec précision les raisons qui m'ont fait me lever et l'inviter à la prochaine danse ?
Je me demande bien où les hommes ont pris ~~cet~~ ce goût surprenant pour la vérité dont le plus souvent ils n'ont que faire, pourquoi les aveux d'un homme sincère, ~~les désarment-ils~~ pourquoi la lecture d'un rapport dont la clarté et la sont disent-ils les meilleurs garants de l'exactitude des faits exposés les
laissent-ils béats d'admiration. Nous ne sommes pas ici, Dieu merci, pour après

[Page 14]

~~chaque poil de la vérité~~ arracher à la queue de la vérité en fuite ~~quelques~~ deux ou trois poils, nous je j'entends
ne pas perdre mon temps à faire les rectifications et les mises au point qui s'imposeraient si j'étais
tourmenté par le virus de la sincérité. Et pour ma part j'ai mieux à faire ~~qu'à faire les rectifications qu'à perdre mon temps~~
rectifier ou mettre au point quand je suis si peu tourmenté par le souci ~~de dire rien que la vérité~~ d'être sincère.
~~Enfin je ne sais plus ce qui~~ Dès que la musique cessa, je me suis donc levé.

[Page 15]

Aucune importance d'ailleurs pour la suite des événements ~~qui vont nous occuper~~ et croyez bien
que si j'analyse et temporise c'est moins par souci de ne rien laisser perdre de ce qui me vient en vrac
à l'esprit qui parce qu'~~je cède à la tentation~~ ~~ne sais me retenir~~ il me plaît de me livrer à un petit jeu aussi frivole qu'in-
noffensif et auquel je ne me targue nullement d'être passé maître celui qui consiste d'abord à
tenir l'interlocuteur en haleine puis en ~~cédant sciemment à~~ ~~contrefaisant~~ simulant un assez singulier ~~manie~~ tic de ce

temps à l'assommer sans ~~ménagement~~ pitié avec ce qui aurait pu être, ce qui a peut-être été, ce qui
n'a sûrement pas été, ce qui aurait été bon qu'il ~~soit~~ fût et ce qu'il aurait été mauvais qu'il ne
fût pas et ce qu'on n'a pas dit et ce qu'on a dit qui n'a pas été et ~~tout ce que vous voudrez~~ ainsi de suivi le reste
jusqu'à ce qu'enfin à bout de patience il ~~s'écrie~~ s'écriant : au fait, au fait !
~~et par ce furieux rappel à l'ordre vous rappelle~~
il vous assure par ce furieux rappel à l'ordre ~~ainsi~~ que vous n'avez en tout cas pas perdu votre temps.
Eh bien, j'obéis~~, aux faits donc~~ et j'en viens aux faits.

[Page 16]

~~Bien entendu, maintenant cela suffit. Mon lecteur a pu s'assurer que je n'étais absolument pas incapable de pousser comme~~
~~tout le monde ma petite analyse introspective. Ce n'est pas excellent, ce n'est pas complètement~~
~~médiocre. Essayez vous-même. L'écueil, c'est qu'on devine que si vous devenez trop ennuyeux, l'interlocuteur le lecteur~~
~~non seulement ne prêtera plus aucune attention à ce qu'il lit mais encore fermera le livre en baillant~~
~~et vous vous épuiserez en pure perte à conter vos petites histoires : personne ne sera là pour les~~
~~entendre, sinon les écouter. C'est la raison pour laquelle je reviens principalement à mon sujet.~~
~~Et j'en viens donc aux faits.~~

[Page 17]

Dès que la musique cessa, je me levai et, à la grande surprise de mes amis qui m'avaient jusqu'~~alors~~ à présent com-
plètement négligé, j'allai droit sur la jeune femme que j'invitai sans détours à danser ; elle n'eut
pas le temps ~~d'accepter~~ d'acquiescer, son rouquin ~~s'interposa~~ intervint en déclarant sur un ton insolent et pé-

remptoire que la prochaine danse aussi ~~lui~~ était ~~réservée~~ pour lui. Mais je ne tins pas compte de ses revendications et
saisissant vivement la jeune femme par la taille je l'entraînais vers le milieu de la salle où nous com-
mençâmes à danser ; il nous suivit, se frayant un passage entre les danseurs. ~~mais~~ Il n'était nullement disposé à lâcher le morceau et il me somma en termes
désobligeants de lui rendre ce qui ne m'appartenait pas ; je lui demandai poliment si elle lui appartenait
personnellement. Non ? Eh bien, je lui conseillai alors de ~~ne pas se mêler de mes af~~ se mêler de ses affaires J'ajoutai que je
devais l'avertir que j'étais un peu ivre, pas absolument ivre, mais juste assez pour perdre mon sang-
froid ~~et ne plus savoir~~ et ~~ne savoir~~ ne plus contrôler mes actions ; au comble de la rage protesta de plus belle, les yeux
avides et bouleversés fixés sur la fille ~~qui regardait ailleurs~~ dont le regard indifférent se perdait, vers l'autre côté de la salle, sa voix rau-
que rendue ~~profonde~~ furibonde par l'énormité du préjudice que je lui causais. Je lui dis de la boucler
et je le priai de cesser cette mauvaise comédie : il devait prendre la chose avec plus de sérénité.
Chacun son tour, est-ce que ça lui serait égal de danser avec cette grosse fille qui attendait
là-bas dans son coin une invitation charitable ; ces derniers mots provoquèrent sa fureur ; la face
blême, les mains à mi-corps, l'image même de ~~la vengeance~~ l'amant frustré, je savais qu'il se préparait
visiblement à nous séparer avec ses poings et je me tenais prêt moi-même à penser aux premiers

[Page 18]

Il haussa les épaules, nous tourna le dos ~~brusquement~~ et alla ~~s'asseoir~~ s'effondrer devant une table au bord de la piste
avec l'air avachi et légèrement grotesque d'un homme ~~auquel on a rivé son clou~~ ~~qu'on a~~ éconduit et je ne pus me défendre d'éprou-

ver quelque pitié pour ~~ma~~ une ~~victime~~ un adversaire ~~que j'avais banni d'une façon aussi déloyale~~ qu'un procédé aussi déloyal avait écarté de ma route. ~~Je pus~~

Quelques temps plus tard, je pus constater qu'il était toujours affalé sur sa chaise devant une bouteille déjà

aux trois-quarts vide, les mains ceignant comme une couronne son crâne rouge et luisant sous l'éclat d'une

lampe électrique, les yeux à demi-clos entre ses paupières enflammées, le visage à la fois attentif et em-

preint d'une ~~inéluctable prescience lassitude impuissance~~ inéluctable amertume ; je ne peux affirmer qu'il nous surveillait mais

certainement il avait l'œil sur nous. Il n'avait pour ainsi dire pas cessé de nous épier, rouge sans doute par une hu-

~~miliation colère honte persistante et nourrissant sous des dehors paisibles une amertume et sans doute à mon égard, une haine d'instants en instants et la haine d'instants en instants plus vive qu'il nourrissait à mon égard.~~

~~des sentiments d'instants en instants plus hostiles~~. Et je ne me le dissimulais pas,

nourrissant sous ses dehors paisibles des sentiments d'instants en instants plus hostiles à l'égard de celui qui

~~lui avait~~ en même temps ~~le faisait pâtir dans sa solitude~~ le privait de son unique plaisir

~~l'avait mis~~ dans une situation ~~ridicule et~~ humiliante par rapport à la femme qu'il aimait. Je déteste, cela va sans dire, cette sorte d'altercation, mais je lui trouve une excuse en

la circonstance : ~~l'la sourde et violente émotion fabuleuse que je ressentais à tenir cette femme contre moi~~

le sourd et ~~violent~~ bouleversant ~~bienheureux~~ délire auquel j'étais en proie tandis que je tenais cette femme contre moi,

~~l'~~la vigilance ~~extraordinaire inaccoutumée~~ inaccoutumée de mon désir auquel fait suite, dès que je tins cette femme ~~dans~~ contre moi, un ~~délire sourds et bouleversants~~ délire sourd et bouleversant qui ~~m'arrachait à mon horrible solitude qui m'introduisait dans ce que je pourrais appeler un paradis humain.~~

m'arrachait sur le champ à l'angoisse où me ~~tenait~~ tient constamment le sentiment ~~constant désolant~~ de ma solitude.

[Page 19]

Mais il faut d'ailleurs, avant d'aller plus loin,

[Page 20]

l'étrange fascination qu'exerçait sur moi cette femme, la force ~~de mon désir~~ inaccoutumée de mon désir, jusqu'à l'état de demi-ivresse dans lequel je me trouvais après l'absorption de huit verres d'alcool, ~~et enfin l'exaltation sourde et soutenue~~ accru de, pendant tout le temps où je la tins contre moi l'exaltation ~~permanente~~ bouleversante ~~où je demeurai~~ qui m'arracha ~~sur le champ~~ à l'angoisse à peu près constante où me tient généralement le sentiment ~~conscient ou non~~ plus ou moins conscient de ma solitude.

~~l'étrange~~ l'étrange fascination qu'exerçait sur moi cette femme, la force absolument inaccoutumée de mon
désir jusqu'à l'état de demi-ivresse dans lequel je me trouvais après l'absorption de huit verres
d'alcool tout ceci accru de l'exaltation ~~bouleversante~~ inouïe qui, pendant tout le temps où je la ~~tins serrée~~ serrai contre
moi, réussit à me délivrer de ~~cette~~ l'angoisse où me tient à peu près constamment le sentiment plus ou moins
~~conscient~~ aigu de ma solitude. Si bouleversante était ~~ma joie~~ mon plaisir ~~que j'en vins à oublier~~ de danser avec cette belle
~~de la foi~~ créature que j'en vins à oublier de la faire parler ; ~~moi-même je ne prononçai~~
~~pas un mot.~~

[Page 21]

Une foi la fille tout contre moi et son amant écarté de ma route par un procédé féminin assez déloyal,
il ne me restait plus qu'à me plonger dans mon plaisir comme dans une marée de ; celui-ci était

tellement ~~violent~~ impétueux et bouleversant qu'il parvint à me faire oublier ~~le désir~~ l'esprit ? que j'avais eu d'entendre sa voix,
nous dansâmes sans dire un mot, mes yeux attachés chacun sur le visage de l'autre froncé ~~plutôt~~ plus par recueille-
ment, je crois, que par souci de garder ~~pour nous~~ entièrement secrète ~~tout intérieure pour nous~~ nous réserver antérieurement notre jouissance ; si ses narines tremblaient, si
si ses yeux très noirs brûlaient de la même flamme que les miens, ~~il y avait~~ sur ses lèvres jouait un sourire aigu qui me
faisait pourtant l'effet moins d'une trahison que d'une énigmatique et troublante complicité ~~que d'ailleurs mise en~~ rendue
~~notre silence respectif, au milieu du vacarme environnant, mettait encore plus en évidence.~~ encore plus évident par le silence que par ~~une sorte~~ un accord tacite nous observions au milieu ~~du vacarme environnant vulgaire qui nous environnait~~ de ce vacarme environnant qui
servait en quelque sorte de fond à l'exaltation mutuelle de nos ~~désirs~~ sentiments. Fut-elle mise en garde
par ce qu'il pouvait y avoir d'égaré dans mon regard de titubant dans mon allure et de débraillé dans ma tenue, ~~se moquait-elle~~ cherchait-elle se faisait-elle

à mon avis de ~~n'être pas~~ dupe par le léger signe d'ironie de ~~mon air passionné qu'elle mettait sur le compte de mon ivresse, toujours~~ qu'elle n'était pas absolument dupe ~~de mon transport~~
~~est-il tout ce que je pourrais~~ des déclarations que ~~je pourrais continuer faire~~ je pourrais être amené à lui faire et dont elle ~~mettrait~~ devrait mettre une bonne part
sur le compte de l'ivresse, toujours est-il que lorsque ~~la musique~~ l'orchestre se tut et que je l'invitai
à ma table, elle accepta avec empressement ~~qu'elle ne~~ ~~que j ne sentais en elle nulle réticence que je ne m'en souciais pas, tout grisé~~
qu'en proie à un délire proprement merveilleux, ~~je ne me souciais nullement pas de ce qu'elle~~ qui m'interdisait de croire qu'il y eut disparité dans nos sentiments

je ne m'inquiétais pas de savoir ~~qu'elles étaient ses dispositions à mon égard~~ ce qu'elle pensait de moi et ~~qu'en tout cas~~
et cette insouciance-là veut d'être narré ? ? quand on ~~saura~~ sait ~~que rien~~ qu'aucune préoccupation ne m'agite davantage

[Page 22]

celle de ~~connaître~~ rechercher de très exactement et sans chercher à me duper moi-même en éludant les faux-semblants mauvais éléments ~~propre reflet dans la cons-~~ l'idée que se fait de ma personne
~~cience des autres~~ celui ou celle que j'aime. Je ne suis pas de ceux que l'opinion ~~d'autrui laisse indifférent~~.
~~qui dédaigneraient la piètre opinion qu'un homme qu'ils estimaient d'abord se fait d'eux.~~
d'une femme laisse indifférent ; et ~~l'épreuve~~ le travail qui consiste à ~~reconstituer restituer regrouper~~ organiser mentalement à regrouper et à mettre bout
à bout les divers appréciations recueillies sur le vif ~~sur mon compte de telle personne~~ ~~rapporte~~ indirectement rapportées de telle
personne estimable sur mon compte pour en venir à édifier établir tant bien que mal une image assez cohérente et ~~assez~~ précise ~~le plus souvent d'ailleurs une~~
~~caricature constitue pour moi la pire des tortures. qu'il correspond~~ qui flatteuse ou ~~défavorable~~ conforme
ne correspond ~~guères~~ pas en fait à la réalité permanente de ce que je suis, constitue pour moi ~~la pire des~~ une épreuve
qui est la pire des tortures et~~, rend malaisés mes rapports avec le monde extérieur accroît mon trouble et ma gaucherie, me confirme dans~~ mon trouble
et ma gaucherie n'en sont que plus vifs ; Il en résulte aussi que la déception que m'inflige généralement la ~~laideur~~ difformité de
mon image (à laquelle, il faut bien l'avouer, mon pessimisme foncier a imprimé sa marque) me con-
firme dans l'idée ~~que je suis inaccessible, d'où je tire moins d'orgueil que de tristesse~~ la seule part de moi-même que je considère comme vraiment importante
demeurant toujours cachée aux regards des hommes ~~quand~~ tandis que tout ce que je peux montrer d'autre est sans importance il n'y a pas de chance pour ~~qu'il y~~ que je sois jamais compris, et c'est là une constatation ~~atroce~~ atroce ~~aussi ridicule qu'atroce~~ dont il m'arrive ~~quelquefois~~ pourtant de rire à cause de ce qu'elle a de suprêmement ridicule.

[Page 23]

Mais ce jour-là, j'étais décidément bien différent de moi-même : j'étais tellement absorbé par ce ~~plaisir une sorte de langueur~~ plaisir
grisant où d'ailleurs contre tout attente je commençais à perdre pied qu'il ne me venait pas à l'idée d'in-
terpréter ce sourire, d'en faire le tour selon mon habitude, de tenter d'en extraire, à l'exclusion de tout
le reste, ce qui pourrait servir à la fabrication ultérieure d'une image plus ou moins conforme à la réalité et
c'était bien mieux ainsi ; ~~je m'en désintéressais complètement ; en d'autres circonstances, l'importance que~~
~~j'y aurais attaché c'est .... cette analyse et la gêne qu'elle causait .... était telle~~
~~qui avait suivie ......~~ ~~qu'il ne me serait resté aucun~~
en d'autres circonstances, l'importance que j'avais attaché à l'opinion qu'~~elle~~ on allait se faire de moi et la
gêne ~~qu'elle~~ que cela m'avait causé eussent été telles ~~que mon plaisir en eût été gâté~~; qu'il ne me serait resté
aucune chance de ~~me débarrasser~~ servir ~~pour un moment quelque temps~~ momentanément de ce qui ~~me ronge~~ intérieurement me ronge du marasme ou je vis habituellement et que ma joie en aurait été empoisonnée. Or je m'en
désintéressais complètement ;) il me suffisait de ~~tenir~~ sentir cette femme tout près de moi pour que tout devînt
~~facile~~ aisé et clair : nulle anxiété, nulle inconfiance, nul lugubre avertissement d'un échec imminent ; j'étais là au cœur d'une habitude parfaite qui doit être celle qu'éprouvent au sommet de leur folie une
certaine sorte de fous ; en tout cas, je la crois à peu près inexprimable ; je regardai ce visage et
jamais je n'avais rien vu d'aussi splendide, d'aussi ardent et si froid en même temps (~~mais c'était en~~ je crois que
~~partie~~ ~~l'expression~~ certaines de ces antinomies très frappantes chez elle ~~qui m'exaltaient~~ étaient ~~sans doute~~ pour beaucoup dans
~~la séduction~~ l'emprise qu'elle exerçait sur moi) d'aussi proche de moi et pourtant assez distant pour

qu'il m'imposât le respect et suscitât une curiosité ~~mêlé de désir en~~ de
son à laquelle se mêlait un désir d'autant plus renforcé
d'inaccessibilité excitant

[Page 24]

Quand la musique cessa de nouveau, je lui demandai si elle me ~~laisserait~~
laissait lui offrir un verre ; elle accepta en sou-
riant, mais dès que nous fûmes assis, son ami rouquin s'approcha d'elle
et ~~sans soucier de moi~~ l'invita à
danser ; elle fit un geste négatif de la tête et, sans le regarder ; il ~~s'engagea~~
éclata alors en imprécations ~~qu'il~~ proférées
~~débita~~ en espagnol avec une ardeur désespérée ; elle n'y prêta aucune
attention et garda le silence, avec toujours
ce même sourire figé sur les lèvres. Comprenant qu'il était inutile
d'essayer de la fléchir et furieux de se
sentir volé, il se tourna de mon côté, et marcha vers moi, balançant ses
poings, et ~~me regardant fixant~~ avec l'air
mauvais : instinctivement, je reculai en faisant glisser ma chaise sur le
parquet, et je me mis en garde
~~d'une manière~~ avec une vivacité gauche qui était probablement d'un effet
très comique. Mais craignant ~~sans doute~~ qu'il me fit un mauvais parti,
la jeune femme s'interposa en l'engageant d'une voix tranquille, lente
et ferme à regagner sa table où
elle le rejoindrait dans un instant ; c'est là du moins ce que je crus
comprendre ; cette injonction n'éveilla
tout d'abord en lui qu'une étrange gesticulation muette accompagnée
de sons étranglés ; sa bouche
était entrouverte, il avait des lèvres épaisses qui semblaient enflées ; ses
yeux rouges, ~~pleins~~ brillant de res-
sentiment et ~~d'ire~~ de colère, essayaient de sonder jusqu'au fond les calmes
yeux noirs de la jeune femme
qui observait le visage perplexe, malheureux et dérouté de sa victime
avec une expression curieuse de
l'effet de son pouvoir et sans parvenir toutefois à réprimer une sorte
d'impatience que trahissait le

tapotement de ses doigts sur le bord de la table. Quant à moi je restais assis silencieusement
à contempler ce spectacle atroce avec une remarquable inconscience de ce qu'une telle situation com-
portait d'humiliant pour moi, admettant avec une légèreté qui me semble aujourd'hui stupéfiante

[Page 25]

C'est que je ne pouvais m'empêcher de jouir intensément de la double scène que m'offraient d'une part
le visage douloureux et perplexe de l'homme maté, ~~où je découvrais aussi une sorte de rage froide~~ qui, secrètement furieux de l'incapacité où le reléguait sa passion dévorante, ne ~~parvenait~~ réussissait pas tout-à-fait à cacher une sorte de rage froide trahie
par la ~~lividité~~ pâleur verdâtre de son teint (et il ne m'importait nullement qu'elle me fut destinée), de l'autre le
sourire ~~bizarre~~ mystérieux, les yeux désarmants, le port de tête dominant et lointain de cette femme qui ~~en-~~
~~tendait~~ savait tenir à distance l'amant transi ~~quand~~ lorsqu'elle désirait entendait se satisfaire ailleurs ~~chercher ailleurs son plaisir~~; je me
si ; à faux pour un spectateur quand il était bien clair que j'étais un des acteurs, le moins
le moins intéressant des trois en raison de l'attitude lâche et passive ~~que j'avais adoptée~~ où je me trouvais ; cependant,
si que j'aspire à la sincérité, je ne veux pas, pour la rendre plus ~~évidente manifeste~~ sensible, céder à
une partialité dont ma réputation ~~devrait faire~~ ferait les frais : ~~il me paraît donc juste d'~~je crois donc pouvoir affirmer
que je ne me complaisais pas dans cette inertie par ~~forf[anterie]~~ insensibilité, scep-
ticisme ni même par ~~crainte~~ crainte d'attirer sur moi désir d'échapper à une colère menaçante ; en réalité, rien n'était plus authentique que le sentiment de calme, de détente, d'euphorie où je m'abandonnais
et épicé seulement par une curiosité somme toute assez légitime.

[Page 26]

(mais aux yeux de qui me tient-il à cœur de me justifier diable les phrases aujourd'hui)
De plus j'étais dans un état d'ébriété qui excuse peur médiocre que ~~vous~~ ne ~~paraisse~~ semble ~~sans~~
~~doute~~ cette excuse
Je crois juste d'ajouter que j'étais dans un état ~~d'ébriété~~ d'hypersensibilité due à un excès en partie de boisson qui explique ~~en tout cas~~ l'étrangeté de ma conduite, et je ne me rendais pas pleine-
ment compte, je crois. Je faisais de mon mieux pour paraître tout-à-fait ~~à l'aise~~ confortable et vraisemblablement
je n'aurais jamais supporté de voir ce type souffrir devant moi et à cause de moi si je n'avais bu à long
trait plusieurs verres de brandy-soda ; je trouvais que ce que j'avais devant les yeux était sacrément inté-ressant, ~~on se disputait~~ c'était
pourquoi le rouquin restait-il debout ~~comme ça~~ avec l'air d'un enfant qui va pleurer pourquoi ~~le rouquin~~ continuait-il à tout encaisser comme ça ? À sa place,
j'aurais défoncé la figure du sale maquereau que j'étais, mais je ne pensais pas que j'étais ~~réelle-~~ précisément
~~ment~~ ce sale maquereau ~~-là~~ celui-là même ~~dont j'avais~~ que j'aurais volontiers assommé ; je me sentais très loin de ce que je contemplais avec ~~tant d'avidité~~ une curiosité si avide, et
aussi loin qu'un honnête spectateur dans une salle de théâtre peut l'être de la sanglante tragédie
d'Argos qui se déroule ~~devant ses yeux~~ à dix pas de lui. Tout ce que je voulais pour le moment, c'était jouir et souffrir savourer
dans mon fauteuil ~~; pas question d'intervenir~~ en toute tranquillité, passionné de la situation ~~sans que l'on me dérangeât~~ ; et naturellement pas question d'inter-
venir.

Je ne me doutais pas que j'allais devenir le principal acteur de la scène suivante, je veux parler de celle que je me
suis promis, il y a déjà quelques temps en commençant, de vous ~~relater~~ décrire, il est temps d'y arriver en effet que vous désiriez ou non la connaître – je ne me

suis proposé que d'aider à l'intelligibilité de ce qui va faire suivre : je ne pouvais le faire sans scrupules…
J'ouvre ici une parenthèse pour déclarer

[Page 27]

Mais bercé par une agréable euphorie, je ne me doutais pas que l'allais devenir ~~le princi[pal]~~ l'acteur principal,
autant dire le seul, de la scène suivante. Je veux parler de celle ~~pour laquelle la discré[tion]~~ que je me suis
~~proposé au début de ces pages~~ engagé plus haut de à vous décrire, ~~que cela tout d'abord~~, que cela vous plût ou non. J'ouvre ici
une parenthèse pour ~~déclarer~~ préciser ~~qu'en m'étendant~~ que c'est à dessein que je me suis étendu ~~sur~~ non ~~seulement~~ pas tellement
sur les faits très épisodiques qui l'ont précédé que sur les états successifs ~~où~~ par lesquels j'ai dû passer
ces mêmes faits un peu irritants peut-être par leur côté bassement épisodique. ~~et en les rapportant~~ avec une application minutieuse à l'occasion de je ne ~~me suis proposé que d'aider à l'intelligibilité de ce qui va suivre~~ et ~~si j'y ai mis quelque minutie~~ ~~si je m'y suis~~ consacré avec une en m'y
application si minutieuse, je ne me suis proposé que d'aider à l'intelligibilité de ce qui va suivre ; je tiens
à ajouter que j'ai peu de goût pour les reconstitutions du passé des souvenirs ; ni ~~moi~~ vous ni ~~vous~~ moi ne valons d'être pris
si à cœur, si tellement à la lettre. Est-ce que vous ne trouvez pas cela inconvenant ? ~~J'ai ri,~~ J'ai
embrassé la femme, j'étais content, elle m'a quitté, j'étais triste, un type m'a menacé, j'ai eu peur et
ainsi de suite. Laissez-moi vous dire que c'est tout simplement lamentable. Je sais bien : nous avons une langue et elle ne
demande qu'à servir. ~~Eh bien soit enfin soit, mais est~~ ; mais que diable avions-nous besoin d'une langue ?
~~Enfin, soit, parlons fort ! parlons, parlons donc !~~ et en tout cas ~~mais que diable avions-nous besoin de~~ D'où nous vient notre besoin pervers de la faire tourner ~~aussi~~ inconsidérément devant des auditeurs bouche bée ou yeux clos. ~~car il est vrai que c'est moi qui ai sollicité votre audience ? Je ne nie pas d'avoir~~ Enfin, soit :

parlons, parlons dans ~~nous ne savons nous retenir de parler~~. Lesquels d'entre vous ont
la pudeur de se livrer à
~~cet~~ ce fâcheux exercice ~~dans la solitude~~ seuls devant eux-mêmes ? Les maniaques, les vieux garçons, les fous. Notez que c'est moi-même, ~~n'ai-je pas~~ je ne d'avoir
sollicité une audience, restreinte, très restreinte, il est vrai. Mais une audience.

fortuits

[Page 28]

Eh bien, le petit homme roux dont le visage était devenu d'une pâleur jaunâtre hésita quelque temps sur la dé-
cision qu'il devait prendre ; il attendit debout, les mains à mi-corps, prêt à se lancer à l'assaut, avec un cer-
tain air de jouissance comme s'il eût savouré en même temps ~~sa propre servitude une~~ la bienfaisante colère qui ~~faisait trembler ses genoux~~ l'animait ~~et~~ et la conscience de sa servitude qui l'empêchait d'agir. Je sentis mon sang se figer quand je vis que
ses genoux tremblaient sous le pantalon gris clair qui lui flottait amplement sur les pieds. ~~Je me mordis~~
Jusqu'~~à présent~~ alors j'avais évité de le regarder et fixais le
mur en face de moi, mais à présent, pour tromper ma peur, soucieux d'adopter une attitude digne, dégagée
~~les lèvres~~ et j'essayai de le dévisager froidement avec un regard tranquille et dédaigneux, en me mordant la langue
très fort pour empêcher mes lèvres de trembler. Mais un indicible soulagement quand je le vis soudain ~~Il tourna Brusquement il~~ tourna les talons et la tête enfoncée entre ses deux maigres épaules tremblantes
tout en trébuchant entre les chaises et regagna sa petite table, dans un coin de la salle d'où il pou-
vait nous surveiller du coin de l'œil je souris une au visage où jusqu'à mes oreilles c'était là du moins un privilège qu'il ne voulait pas abandonner

Le petit homme roux dont le visage était devenu d'une pâleur jaunâtre hésita quelque temps sur la décision qu'il devait
prendre ; il attendait debout, les mains à mi-corps, prêt à se lancer à l'assaut, avec un certain air de jouissance
comme s'il eût savouré en même temps sa propre colère qui témoignait publiquement de son amour et celle de la
jeune femme ~~qui devant laquelle il baissait la tête~~ il ~~admettait~~ acceptait avec délice de baisser la tête comme un esclave ~~devant à cause de~~ devant une souveraine inaccessible
dont les insultes équivalaient aux ~~plus doux mots~~ ~~confidences déclarations~~ effusions les plus ~~prometteuses~~ chaleureuses servissent ordres de qui ~~il se réjouissait de~~ se soumettait

[Page 29]

~~Nous nous trouvâmes l'un en face de l'autre.~~
L'incident clos, ~~nous nous retrouvâmes l'un en face~~ Je me retrouvai soudain en face de cette femme ~~assise~~ énig-
matique et le silence tomba entre nous comme le rideau incombustible d'un théâtre : je m'étais déjà
séparé vaguement la difficulté que je devrais tôt ou tard éprouver à l'entretenir dans sa langue, mais je m'inquiétais pendant que nous dansions, notre mutisme ne me semblait pas seulement naturel, mais indispensable et la difficulté que d'autant moins que notre mutisme me paraissait alors ~~aussi indispensable indispensable~~ à la qualité de notre plaisir ajouter à l'intensité de notre plaisir qu'un ~~seul mot~~
j'éprouvais à l'entretenir dans sa langue
me paraissait alors de nature à troubler ~~notre plaisir notre exaltation mutuelle sans rien ajouter de nos sentiments plutôt qu'à l'accroître où nous étions plongés l'un et~~
~~l'autre~~. Et je bénissais le mutisme auquel m'obligeait mon incapacité habituelle de trouver à dire à
un interlocuteur encore inconnu quelque chose qui puisse être le support d'une conversation et que celle
~~lui parler me faire entendre mon incompétence~~ ~~ma méconnaissance la langue espagnole et réciproque~~. mon ignorance probablement égale de nos langues réciproques, ~~naturelle~~.

À vrai dire, ~~ma gêne était en grande partie balayée~~ dans l'état d'ébriété où je me trouvais, je n'éprouvais ~~aucune~~ qu'une gêne toute passagère et je me surprenais déjà à ~~lui confier apprendre révélant~~ confiant mentalement des choses sur moi qui ne me seraient jamais venues à l'idée
en temps normal de ~~confier~~ révéler à mon ami le plus intime, à plus forte raison à une personne que je connais-
sais pour ainsi dire pas, même si je devais éprouvant pour elle un très vif désir, et cherchant à la courtiser ~~je ne trouvais rien de mieux pour~~ me mettais, faute d'un autre sujet,
~~la courtiser que de~~ à lui parler de moi-même. À ce point de mon récit, je conçois nettement toute la difficulté
qu'il y a à retracer un épisode de ma vie particulièrement ~~pour lequel j'éprouve heureux incohérent~~ absurde confus où dont je devais à la fois respecter cette l'incohérence
tout en essayant de ~~l'éclairer~~ le traiter et ~~de lui~~ conserver avec discernement et sang-froid.

[Page 29b]

et sur un ton ou larmoyant, selon la nature parce qu'on veut lui souffler
petit godelureau ~~qui ne veut pas lâcher la~~ une belle fille, ~~qu'il fait onduler entre ses bras et ils~~ et ils s'en-
tendent pour lui flanquer une bonne pile et le jeter à la porte devant l'approbation craintive des patrons et
~~l'événement~~ ~~des spectateurs dont ils ne se savaient~~ sans l'avoir préala-
blement délesté de son portefeuille et quand vous sentez de avec une couronne de fer sur le crâne là il arrive souvent que vos poches
soient vides, mais ce n'est que le lendemain après-midi lorsque vous vous réveillez avec une couronne au sortir des limbes ~~où vous a plongé une trop~~
de fer sur le crâne que vous vous apercevez ~~consommation d'alcool~~ de l'alcool que vous vous
rendez compte que tout cela n'a pas été précisément une partie de plaisir.
et toute conscience redevenue claire

[Page 30]

Mais au préalable il me paraît nécessaire de donner idée du décor, de la ~~disposition~~ situation des gens ~~à mon égard~~ par rapport à ~~cette~~
la mienne, et de mes propres dispositions sur lesquelles j'ai déjà insisté, ~~enfin~~ enfin de tous les éléments ~~secondaires extérieurs~~
qui ont pu concourir ~~à l'irruption secondairement~~ de quelque façon à la formation d'une crise qui se distingue non seulement des précédentes par sa durée, son intensité, sa plénitude ~~et surtout~~ mais aussi par son achèvement en une détresse aussi vertigineuse que l'avait été quelques temps auparavant la félicité initiale que j'ai décrite plus haut ~~après une secousse très violente par un~~ et à laquelle se substituât par l'effet d'un choc très violent une voluptueuse hébétude
~~voluptueuse~~ qui figurerait, si l'on veut, la dernière extrémité de la courbe.

Le décor c'était celui de tous les ~~établissements~~ bars maritimes où vous pouvez pénétrer à condition de
n'avoir l'air ni trop sot ni trop riche ni trop intimidé ni trop fondant, où il y a de belles filles qui
dansent avec leurs clients et de moins belles qui vous font des yeux en coulisse ~~et parfois~~ et vous versent des boissons
~~pour~~ destinées à vous égayer ~~jusqu'à ce qu'une honorable~~ et à témoigner par la pile de soucoupes ~~s'entassent~~ qui s'entassent devant vous témoigne aux yeux de la patronne
que vous n'êtes pas venu là ~~seulement~~ pour ~~regarder~~ ne rien faire, ~~et~~ où il y a un ~~phono~~ orchestre modestement composé
~~modestement d'un saxophoniste, d'un accordéoniste et~~ de trois musiciens très dignes un tantinet ivres, munis chacun d'un saxophone, d'un accordéon et d'un piano sur lequel il tapote de temps à autre quand il ~~était~~ est las de regarder au-dessus
de ses partitions ~~dont il ne feuillette jamais les pages qu'il dont il ne tourne jamais la page~~ les visages de celles qu'il contribue à faire danser, où il survient toujours une
bande de matelots à moitié ivres qui tout de suite accaparent l'attention par ~~des vociférations~~ l'outrance de leurs propos et des gestes ~~outrés~~.
~~l'attention~~ et il arrive que l'un d'eux, particulièrement vigoureux et exalté, s'en prenne à un

[Page 30b]

pensaient-ils ~~que mon attitude calme et insouciante avait impressionné~~ mon rival : ~~c'était là ce que je me~~ du moins était-ce là ce que je me
~~plaisais à imaginer qui avait battu prudemment battu en retraite~~
plaisais à ~~moins~~ imaginer fatuitement ~~au milieu des limbes de l'alcool~~ tandis que
impressionné qu'il avait jugé prudent de battre en retraite ~~imaginant~~ croyant que je ~~cachais~~ décelais sous des
dehors calmes et insouciants un monde de ruses inconnues de lui
~~du moins était-ce là et pour en convaincre ma fatuité je~~
du moins était-ce là ce que je me plaisais à imaginer fatuitement et je n'avais pour m'en convaincre
qu'à jeter un coup d'œil autour de moi : la plupart des hommes m'observaient ~~constamment~~
avec une ~~curiosité~~ , les hommes ouvertement, les femmes à la dérobée, et quelques couples
tout en conversant, reportait leur regard sur moi avec un ensemble ce qui me donnait ~~à croire~~ lieu de penser m'enfonçait dans l'idée que ~~j'étais~~ ma personne était l'objet
de leur d'un entretien ~~louangeur~~ ; ~~et je ne retirais un sentiment d'orgueil de suffisance~~ et je ne doutais pas que ce fut dans un sens favorable. ~~Il me semblait que je~~
faisais figure de héros et j'en ~~retirais~~ éprouvais un sentiment d'orgueil que multipliait par dix mon état
d'ébriété. quoi qu'il en soit, d'ignoré je devenais qui

Quoi qu'il en soit, je constatais avec une certaine fatuité que effort de l'a à la ~~renommée~~ célébrité
tandis que je n'étais en pénétrant dans ce bar qu'une personne qu'une personne tout-à-fait négligeable auquel nul personne ne prêtait
la moindre attention, ~~maintenant tout le monde~~ ~~qui grâce~~ grâce à ~~la retraite inespérée de~~ mon rival à la retraite duquel je n'étais pour rien, ~~à présent on me~~ je jouissais d'une certaine con-
sidération ~~qui tenait au fait auprès~~ dont je tirais un orgueil excessif

[Page 31]

Mais ~~un tel décor la description que~~ il est évident qu'un tel décor prête à un romantisme un peu facile et s'il est légitime
de l'évoquer brièvement, je désire ~~respecter~~ persister le vœux que j'ai fait en commençant de surmonter toute préoccupa-
tion de pittoresque. S'il me semble légitime donc de ne pas renoncer à évoquer brièvement un tel décor qui en dépit du romantisme un peu facile auquel il donne lieu inévitablement~~, je n'en persiste demeure pas moins soucieux de surmonter toute préoccupation de pittoresque et je laisse imaginer le reste. S'il me semble légitime de~~ Si je ne ~~pas renoncer~~ renonce pas tout-à-fait à évoquer un tel décor en dépit du romantisme un peu facile auquel il donne lieu inévitablement ~~et bien que je ne d. . . . . . tienne à surmonter toute préoccupa-
tion de pittoresque, c'est qu'il me paraît jouer son rôle~~. Je n'en demeure pas moins soucieux de surmonter toute préoccupation de pittoresque.

La situation des gens par rapport à la mienne avait totalement changée depuis l'intervention du petit
rouquin. ~~On m'avait repéré~~ Ce n'est pas que ~~elle~~ celle-ci eût été plus remarquable que la plupart de celles qu'on était accoutumé avait ~~l'habitude~~ coutume de voir dans cet éta-
blissement, et ~~généralement on ne se souciait aucunement de ce genre d'altercation de caractère particulier privé~~ elle n'avait pas de suite et n'avait revêtu à aucun moment le caractère de violence habituel à ce que ~~le caractère privé de ce genre d'altercation~~ d'incident, mais c'est précisément ce qui l'avait fait remarquer par les clients
qui, connaissant de longue date le tempérament ~~combatif~~ agressif de l'amant ~~qui~~ toujours prêt à faire usage de ses poings quand
il se jugeait offensé par les assiduités d'un individu auprès de sa belle, n'en revient pas de le voir
lâcher prise devant ~~le jeune l'~~un inconnu de ~~piètre médiocre~~ piètre apparence ~~que j'étais et sans même dont la combativité était des plus médiocres~~
~~s'ils se jugeaient~~ à en juger son peu de réactions l'absence complète de ses réactions ~~était~~ paraissait des plus médiocre. Mais peut-être aussi

[Page 31b]

Au milieu d'un groupe, et mieux encore s'il est composé de quelques femmes, je ne songe qu'à mon personnage ; j'ai à cœur de le choisir ~~le plus mystérieux~~ obscur et versatile ; j'ai l'impression d'être quelqu'un de très attachant et de très volumineux, et j'en tire ~~de mon~~ une joie aiguë analogue à celle
que ~~vous procurerait~~ m'aurait procuré, si j'avais été Napoléon, le sacre à Notre-Dame ou pianiste, les ~~exclama[tions]~~ délires
d'une salle. De là, que conservé de la vie de collège ou de régiment, par ailleurs si odieuse, un sentiment de nostalgie.

[Page 32]

Quoiqu'il en soit, un fait était certain : tandis que je n'étais en pénétrant dans ce bar qu'un personnage obscur et
~~tout-à-fait~~ négligeable ~~j'étais~~ je jouissais maintenant ~~pris en consi[dération]~~ d'une certaine considération de la part de gens qui ne savaient
qui ne respectent et admirent que plus forts qu'eux – et je tenais de cette constatation un sentiment d'orgueil
démesuré qui n'est sans doute pas étranger au ~~déclenchement de~~ fait que ma crise à l'encontre des précédentes a revêtu un caractère ~~ostentatoire d'ostentation~~ d'autant plus surprenant pour moi que j'ai ~~d'exhibitionisme et d'horrible suffisance d'insoutenable vanité. Il est remarquable d'ailleurs~~ très nouveau pour moi qui ai toujours ~~haï~~ jugé insoutenable l'exhibitionisme des autres chez autrui.
quelques uns de mes
amis
que je me trouve sérénité ! Mais en société, ~~quand mon souci n'est pas de passer inaperçu et~~ quand je ne
m'inquiète pas de passer inaperçu afin et de voir sans être vu, il m'arrive presque toujours de prétendre à jouer
un rôle ; ~~je veux paraître très intelligent ou très courageux ou admirablement cynique, mais~~ le plus souvent
il me plairait qu'on me crût ~~à double fond~~ de ce genre d'hommes dont nul ne peut jamais prévoir ce

qu'il en sortira de sorte que chaque nouveau rapport avec eux implique un changement total de perspective ;
Mon admiration ~~va~~ allant aux êtres ~~dont il faut je dois sans cesse sans peine retendre le classement et qui~~
qui ~~si bien~~ si bien l'équivoque autour d'eux vous obligent qu'ils font ~~sans cesse à retarder le classement différer sans cesse qu'on l'opinion qu'on a d'eux.~~
savent si bien qui vous obligent à retarder leur classement en entretenant autour d'eux une atmosphère d'équivoque
se dérobant à toute classification. Au milieu d'un groupe, et mieux encore s'il est com-
posé de quelques femmes, [je ne songe qu'à la figure que je me compose et je donnerai beaucoup pour
connaître l'opinion qu'en a chacun de moi] je / il est naturel que je sois désireux de les prendre
pour modèles / attitude dont je tire une joie aiguë. Je joue mon rôle dans le théâtre de la vie et j'ai à
cœur de le choisir le plus beau.

[Page 32b]

~~d'écrivain~~ peu à peu ~~ce qu'ils avaient de grossier faux et de grossiers~~ la grossièreté.

[Page 33]

Quant à mes amis, ils ~~m'observaient avec surprise curieusement~~ n'en croyaient pas leurs yeux. Tout bien considéré, je n'étais pas le jeune homme in-
signifiant qu'ils avaient imaginé. Mon altercation avec le petit bonhomme et l'évidente beauté de ma compagne
modifiait sensiblement pour quelques instants l'idée qu'ils s'étaient faits de moi. Pas tout à fait le jeune homme insignifiant auquel
personne ne songeait à adresser la parole. Tout bien considéré, je me comportais avec les femmes comme ils qu'on
traînait derrière soi comme un boulet

eussent voulu savoir le faire. Je représentais en quelque sorte leur idéal de ce qu'un homme devait être, ~~culotté~~ audacieux,
agressif, méprisant, sarcastique, buvant un peu trop comme devaient le faire tous les vrais hommes, fleg-
matique devant le danger, ne se vantant jamais mais surtout doué d'un aplomb superbe ~~et sachant plaire aux femmes les plus difficiles~~.
entreprenant avec les femmes et sachant leur plaire d'emblée,
dire que c'était là l'idée que je pensais qu'ils se faisaient de moi~~, et j'en éprouvais une joie intime~~ Je me plaçais orgueilleusement
sur le socle de l'homme-à-femme ~~et j'en éprouvais une joie intime qui me~~ balançait en moi un dernier reste
~~de réserve et de dignité. Il n'était pas douteux~~ Positivement mon attitude présente me consacrait en tant qu'homme et ~~constituait pour~~ c'était ~~moi une~~ la revanche de mes timidités passées – ~~qui m'avaient tenu à l'écart pour lesquelles on m'avait tenu~~
~~à l'écart~~ et par un dernier reste de vanité puérile et je n'étais pas loin d'y attacher puérilement un sens de révélation à moi-même dont j'en tirais une joie
~~intime qui détruisit un dernier reste de réserve et d'humilité~~. Ce qui me renforçait dans un mon orgueil
~~injustifié dont l'effet serait bientôt~~ mon goût subit pour la parade ~~et le désir que j'avais de me p…~~ dans le mon désir de parade
et balayait ~~un~~ le dernier reste de réserve et de dignité que je pouvais avoir encore.

Tous ces facteurs intervenaient me faisaient passer insensiblement du plaisir intime ~~de me savoir~~ d'en imposer
admiré où ~~douteux sur tendance douteuse~~ à me pavaner en public, à la manière d'un acteur
qui, grisé par son succès, exagère ses effets, faute de savoir les renouveler. ~~fort~~

[Page 34]

Viendra-t-on me dire que tout ce délire d'interprétation, et que ~~par conséquent qu'en tout cas~~ c'est pur jeu de l'esprit d'étendre orienter ses recherches à partir d'une grossière erreur ~~d'interprétation~~ ? Étais-je dans mon état normal ? À quoi bon ~~tous~~

~~ces longs commentaires au sujet s'étendre exagérément sur des~~ d'événements très ordinaires auxquels un homme ~~sain~~ libre d'esprit ~~ne s'arrêterait pas un instant ?~~ auxquels se refuserait à prêter la moindre attention

N'éprouvai-je pas une sensation de répugnance envers soi commune à tous les gens qui ont trop bu ? En quoi cette

honte bien légitime se rattache-t-elle au rire qui avait interrompu ma crise de bavardage ? Il est clair que je

cherche ~~à fanfaronner~~, à me distinguer et qu'au prix des plus grands efforts je m'évertue à faire remonter à

des causes trop extraordinaires pour être négligeables des effets parfaitement négligeables. Ou je me refuse par

orgueil à reconnaître que j'étais ivre et c'était que c'est précisément cet état d'ivresse qui me rendait comique ? donnait un calme très comique ?, ou en premier lieu me pousser à

bavarder

je suis une fois de plus la victime d'une simple illusion des sens. Oh bien sûr ! pour la somme

me faire admettre que mon ~~état d'euphorie~~ extase, puis mon abjection sont à mettre sur le ~~seul~~ compte ~~de mon état d'ébriété de la seule ébriété~~ qu'elle n'en est ~~en dernière analyse~~ au fond que des aspects différents

Oh bien non ! Jamais sous aucun prétexte, je n'en passerai par cette manière de voir. Tout en ne contestant pas d'avoir un assez grand nombre de verres d'alcool, je maintiendrai

coûte que coûte que mes propos n'étaient aucunement ceux d'un ivrogne ~~et qu'ils n'eurent~~ rien d'incohérent qui pût

prêter à rire ni même à sourire. Mon opinion inébranlable est que si tenté que soit un homme de vider son

cœur / ~~je me refuse à voir dans ce rire autre chose que le châtiment l'expression spontanée~~ / il doit bien prendre garde de ne pas enfreindre les lois de la pudeur : ne pas oublier qu'il s'expose à l'ironie des uns, à la colère des autres dans la mesure où il enfreint les lois de la pudeur.

Elle a perdu sa lucidité. Elle ne s'occupe plus que de jouir. Une sorte de cantate joyeuse, après une extrême aridité. Ses scrupules perdent jusqu'à leur sens. Elle croit que ce vêtement lui appartient.

*

Elle ne s'est jamais confiée de sa vie. Elle le rencontre et il la pousse à s'ouvrir. On imagine la joie involontaire qu'elle éprouve malgré elle. Ce détail est très important.

*

Allons, l'auteur, parle ! Tous les mêmes.

*

Le secret ? Eh bien, il n'y en a pas ! Simple artifice pour tenir le lecteur en haleine.

*

Le bavard. Il voudrait ne pas parler, mais il parle. Sa souffrance.
Il bavarde à bride abattue. Il se laisse emporter par le flot de ses paroles. Langage précipité.

*

Un récit. Le premier symptôme du mal. Quelque chose le presse de parler. Il court chez un ami : impossible de parler. Son tourment.
Puis sitôt le récit achevé : en voilà assez, je mens, ce récit est inventé de toutes pièces. Je veux me faire pardonner mon vice et j'en fais une maladie.

*

« Je retombe trop facilement dans la fiction ».

*

À la suite de la crise, il dit qu'il n'a pas pu décrire l'essentiel : le paysage qui a eu une action.

*

J'en fais une maladie, mais aussi encore ce besoin de me singulariser.

*

Je fais de toutes mes tares des maladies.

*

Le Bavard ! quel beau sujet pour un romancier ; l'auteur l'eût bien traité, s'il avait encore le courage d'imaginer ; mais c'est un paresseux qui renonce à construire et s'abandonner à ses impressions présentes. Peut-il le fera-t-il un jour où il se sentira une passion d'architecte.

*

Je vais y venir.

*

La confession doit être grave. Il étudie son mal avec un grand scrupule, comme s'il s'agissait d'une infection inconnue qu'il y aurait grand profit à connaître.

*

Ce qu'il appelle maladies : sa tristesse, sa jalousie, son mépris de lui-même et enfin son besoin de bavarder.

*

Il se saoûle dans l'espoir de se délivrer. Il traîne partout un besoin qu'il ne peut assouvir.

*

Métaphysique. Un homme trouve inutile de parler, mais il est ainsi fait qu'il a envie de parler.
La 2e crise : il se saoûle et parle, mais ce qu'il dit n'est pas ce qu'il voudrait dire. Affolement de la femme. Ou bien il ne sait plus ce qu'il

dit mais voit sur le visage des assistants qu'il scandalise ; et dessaoûlé, quand il demande ce qu'il a dit, il constate l'air gêné de son ami.

*

Il faut dire que mes amis avaient été étonnés par l'air torturé que j'avais à certains moments.

*

Après avoir parlé, il a le sentiment de sa déchéance. Il a honte, non d'avoir trop bu, mais d'avoir parlé. Sa haine de la confidence. Les gens qu'un bon repas rend bavards. La confession. Au collège, un professeur veut lui faire avouer : son obstination.
La femme le regarde avec un air tragique. Il s'épouvante de cet air et voudrait se taire, mais ne le peut. En même temps il a peur de l'atmosphère d'indignation et de colère dont il est entouré, mais il n'en accentue que davantage la minceur de ses aveux. Au moment où il lui semble que tout est insupportable, la femme éclate de rire : c'est que les aveux rendent toujours un homme ridicule.

INDEX DES NOMS

TABLE DES MATIÈRES

IMPRIM'VERT®

Achevé d'imprimer par Corlet,
Condé-en-Normandie (Calvados), en avril 2021
N° d'impression : 21040623 - dépôt légal : avril 2021
Imprimé en France